Tokyo and Thought

도쿄와 생각

이광호

도쿄와 생각

글 · 사진	이광호
편집 · 디자인	이광호

A piece of writing and photographs copyright © 2023 by leegwangho
Edited and designed by leegwangho, Ilsan, Korea
Published by Byeolbitdeul | www.byeolbitdeul.com

ISBN   979-11-89885-22-9

펴낸곳	별빛들
출판등록	2016년 8월 10일 제 2016-000022호
전자우편	lgh120@naver.com

초판 발행	2023년 5월 21일
2쇄 발행	2023년 8월 21일

이 책은 작가의 허락없이 무단으로 전부 또는 일부를 재사용할 수 없습니다.
All rights reserved. No part of this book may be reproduced in any
form without written permission from the publisher and the artist.

* 잘못 인쇄된 책은 구입처에서 바꾸어 드립니다.
* 책값은 뒤표지에 있습니다.

Tokyo and Thought

작가 소개

이광호

분명해지고 싶어 글을 씁니다.

나를 기다리고 있는 것들이 무엇인지, 내가 기다리는 것들이 무엇인지.

다섯 권의 시집과 다섯 권의 에세이, 한 권의 우화집을 썼습니다.

序文

『도쿄와 생각』은 아내 미림과 함께한 도쿄 여행으로부터 모여든 사적인 상념을 정리한 생각의 기록이다.

손끝으로 지난 기록을 다시 더듬으며 돌출된 생각을 읽는다. 어떤 날은 여행이 되기도 하고, 어떤 하루는 생활이 되며, 어떤 순간은 삶의 가능성이 되고, 어떤 사건은 사랑의 발견이 된다.

짧은 여행과 긴 생각의 열차 속에서 나는 새로워졌음을 느낀다.

환대하고 싶은 멋진 여행이었다.

일산에서 이광호.

目次

결심	15
약속	21
준비	29
도착	37
차테이 하토우와 가부키초	47
외국	55
쿠마켄고와 네즈미술관	63
비 오는 도쿄	71
타츠노야 라멘	79
다이죠부 오니상	85
쇼핑과 취향	95

마키 후미히코와 힐사이드 테라스	103
츠타야 서점	111
변수의 도쿄	117
아리가또 파트너	127
도쿄 산책	133
친절의 힘	141
지키려는 마음	151
도쿄의 르 코르뷔지에	159
여행의 힘	167
도쿄와 인상	173

第1部

결심

(22. 10. 10)

미림과 많은 이야길 했다. 앞으로 남은 삶의 모양이라든지 그 삶에서 서로가 무엇을 하면서 시간을 쓸지에 대해서.

미림은 약간 주저했지만, 용기 있게 자신의 생각을 말했다. 아마 약간 주저한 건, 작년과 생각이 바뀌어서 그랬을 거다. 내가 아는 미림은 생각이 자주 바뀌는 자신의 모습이 줏대 없는 사람으로 보일까 걱정하는 사람이니까. 미림은 가끔 내게 한심한 사람으로 보이지 않을까 걱정을 한다. 단 한 번도 그런 생각을 한 적이 없기에 나는 너무 속상했다. 왜 그런 생각을 할까, 무엇이 미림의 기를 죽이고 있는 것일까, 미림은 절대 아니라고 하지만 어쩌면 내가 미림을 그렇게 만든 것은 아닐까. 이런저런 생각들이 저녁처럼 찾아오면 너무 속상해 울화가 일어나기도 한다.

나는 천천히 숨을 고른다. 내가 구겼든 무엇이 구겼든 다시 펴야 하는 사람은 나니까. 어쨌든 미림의 용기는 고마웠다. 이제 미림이 새롭게 가고자 하는 방향을 알았고 미림의 옆에서 내가 어떤 자세로 무엇을 해야 할지도 정할 수 있으니까.

우리는 잠시 부둥켜안고 가슴을 맞대 숨을 쉬었다. 서로의 빈 가슴을 채우듯 양 가슴으로 함께 박동했다. 그러다 문득 지난달 미림이 '도쿄' 여행을 가고 싶다던 말이 떠올랐다. 나는 조금 뜬금없지만, 미림에게 '도쿄'를 가자고 했다. 지난달 미림이 말한 '하고 싶은 것'이 미림이 가고자 하는 방향에 도움이 될지도 모른다는 생각과 미림 옆 사람으로서 미림이 '하고 싶은 것'을 통해서 활기를 얻길 바라는 마음으로.

물론, 잠깐의 도쿄 여행이 미림이가 앞으로 나아가고자 하는 방향에 도움이 될지, 안 될지, 영감을 얻을지, 자극을 받을지, 소용이 있을지, 없을지 나는 모른다. 나는 아무것도 모른다. 오직 내가 아는 거라곤, 세상에 모든 일 어쨌든 해 봐야지 결과를 알 수 있다는 것. 어떤 일이든지 움직여야 일어난다는 것. 그리고 미림의 대답은 '예스.'

*

　자주 생각한다. 앞으로 남은 내 삶의 모양이 어땠으면 좋을지. 그리고 그 삶 속에서 무엇을 하며 시간을 보낼지에 대해서. 자주 생각하는 이유는 생각이 자주 변하기 때문이다. 어찌 생각이 변하지 않을 수 있을까. 세상이 변하고, 환경이 변하고, 식구가 변하고, 기술이 변하고, 삶은 한 번도 내 뜻대로 흘러가 준 적이 없는데.

　물론, 그 수많은 변화에도 지켜내는 마음이 있다는 건 너무 대단하고 귀중하다. 하지만 내가 대단하지 않다는 것에 부끄러워할 필요는 없다. 종종 세상의 많은 이들이 줏대의 낭만이 아니라 줏대의 강박에 사로잡혀 있는 건 아닐까 생각한다. 분명한 건, 변해도 된다는 것이다. 오히려 변하는 것이 더 자연스러운 일이라는 것이다. 우리에게 중요한 건 변하지 않는 것이 아니라, 어떻게 잘 변하는 것이지 않을까. 부디, 줏대의 강박에 잡혀 스스로를 가두지 말길 바란다. 변화에 관대하길 바란다. 미래에 대해서 만큼은

게걸스럽게 생각하고 상습적으로 행동하길 바란다. 그리고 최소한의 만족을 반갑게 만나기를 바란다. 이 정도면 내 삶은 정말 충분하다는 느낌. 그게 소위 말하는 한 개인의 꿈이고 행복이 되어 주지 않을까.

第2部

약속

(22. 11. 4)

세상은 한 번도 호락호락한 적이 없었다. 지난달에 도쿄 여행을 결심했지만, 여권 만료, 재발급 이슈와 진행 중인 프로젝트에서의 사고, 늦어진 일정과 맞물리는 행사 일정, 다가오는 새 프로젝트 일정. 나열하는 것만으로도 숨이 차는 일들로 '도쿄 여행'이 여의치 않아졌고 그새 치솟는 도쿄행 항공료는 미림의 도쿄행 의지를 녹여놨다.

'도쿄'는 그렇게 작아졌다. 당연히 미안했다. 말을 꺼낸 건 나인데, 여권 만료가 된 것도 나였고 일이 바쁜 것도 나였으니까. 그리고 무엇보다 여유가 안 될 것 같아서 은근히 '도쿄'를 숨기고 있었으니까. 근데 도둑은 확실히 발이 저린 법인 걸까. 미림에게 그만 미안하고 싶었고 그만 비겁하고 싶었다. 무엇보다 약속을 지키고 싶었다. 그래서 실패한 기억이 있는 나의 벼락치기 능력을 다시 한번 맹신하며 일들을 뒤로 물리고 미림 앞에 '도쿄'를 꺼냈다. 조금 뻔뻔하게.

"미림! 우리 도쿄 안 가?"

미림의 눈이 동그랗게 커졌다. 그리고 이제 '도쿄'

를 꺼내도 되나 하는 눈치로 항상 준비되어 있었던 것처럼 안 주머니에서 도쿄에 관한 이야기를 꺼냈다. 그러니까 도쿄행 항공료가 너무 비싸다는 이야기를. 그런데 내게 항공표를 보여주다가 갑자기 가격이 바뀌었다면서 인터파크에 열중하기 시작했다. 비가 그쳐, 산책하러 나갈 수 있음을 직감한 강아지처럼 기쁜 얼굴로.

나도 네이버로 항공 가격을 확인했다. 각자 알뜰하게 갈 방법을 찾으며 비교했고 머리를 맞댔다. 오랜만이었다. 같이 무엇을 하기 위해 머리를 맞대는 일이. 기분 좋았다. 결혼식을 준비하던 때가 생각나서 속으로 흐뭇했다. 찾다 보니 상당히 매력적인 가격으로 항공권을 얻을 수 있는 일정을 찾았다. 9박 10일. 미림은 함박웃음을 지으면서 손을 마구 저었다.

"그러면 돈을 너무 많이 쓰는 거 아니야? 숙소며 식비며?"

사실 돈은 크게 상관없었다. 미림이 알뜰하게 도

쿄를 가고 싶어했기에 나는 그걸 돕고 싶었던 거다. 근데 그 알뜰에 있어 항공료만 생각하고 경비를 생각하지 않은 것이다. 근데 미림 전문가인 나는 미림의 반응에서 두 가지 단서를 발견했다. 함박웃음을 지었다는 건, 좋다는 것. 그리고 문제가 있지만 내게 물었다는 건 마음에 걸리지만, 이 걸리는 마음을 내가 없애줄 수 있느냐는 것. 어찌 미림의 요청에 응하지 않을 수 있을까. 경비는 먹고 자고 우리가 누리는 비용이기에 전혀 낭비로 볼 수 없고, 여행을 더 여유롭게 만들어 줄 수 있는 비용이라면 오히려 합리적이라고 미림을 설득했다. 그렇게 미림은 달갑게 설득당했다. 9박 10일. 즉흥치고는 규모가 커졌다. 그렇게 진행되는 듯했는데, 한 가지 문제가 생겼다.

'짐이었다.'

미림 뿐만이 아니라 나 역시도 9박 10일이라면 최소 10벌의 옷은 있어야 했다. 멋쟁이라면 여행에서 하루에 한 벌은 당연한 것 아닌가. 거기다가 계절도 여름이었다면 괜찮았겠지만 사실상 거의 겨울에 가까운 가을이라 한 벌 한 벌의 옷 부피도 보통이 아니었다. 일본에서 살 수도 있긴 하지만, 착장의 전 품목을 산다는 건 무리였고 그 정도로 9박 10일에 진심인가 생각해본다면 사실 또 그런 건 아니었다. 우리는 다시 조용히 휴대폰 화면으로 들어갔다. 어떤 일정은 친구의 결혼식과 일정이 겹치고, 어떤 일정은 진행 중인 프로젝트 마감과 겹쳤다. 쉬우려면 쉬울 수 있지만, 또 그렇지 않은 여행 준비. 이게 여행 준비의 맛 아니겠는가 하면서 우리는 머리를 맞댄 내내 깔깔 웃었고, 마침내 11월 19일부터 23일까지의 4박 5일 도쿄행을 결정하고 예약을 완료했다.

*

함께 책을 만드는 동료에게 자주 하는 말이 있다.

'제일 중요한 건 기분이다.'

우리가 이루는 모든 결과는 기쁨을 갖기 위함인데, 일하는 과정에서 기분이 나쁘다면 어떠한 결과라도 제 몫을 할 수 없기에. 기쁨을 주지 못할 결과라면 오랜 과정 동안의 기분을 희생하면서까지 얻어야 할 가치가 있을까.

그런데 그것이 비단 책 만드는 일뿐만일까. 모든 일이 그렇지 않을까. 생활도 삶도 여행도. 어떤 일이든 과정이 즐겁고 싶다. 우리가 하는 모든 것들, 결국 기분 좋으려고 하는 것일 테니까.

第3部

준비

(22. 11. 18)

어린 시절부터 기억에 남는 재미있는 일들은 대게 계획하거나 예측한 일들이 아니라 갑작스러운 사고처럼 일어났다. 그리고 그런 일들을 추억이라 부르며 지금도 내 삶을 풍성하게 만드는 재료로 쓴다. 이 공식을 발견하고 나서부터 나는 종종 고의적으로 사고를 만든다. 그러니까 계획을 하지 않는 것이다. 무계획으로 다가올 모든 것을 온몸으로 맞는 것이다. 정보가 없다면, 다가오는 모든 것이 진심으로 새롭고 놀라울 테니까. 준비가 없다면, 마주하는 문제에 필사적이게 되고 무조건적으로 그것에 대해 온몸으로 경험할 수가 있을 테니까. 정해진 범위의 계획이 없다면, 어딘지 모를 세계까지 닿을 수 있을 테니까. 무엇보다 의도가 아닌 우연에 몸을 맡기다 보면, 모든 일이 운명처럼 낭만적이기도 하니까.

여기까지.

미림이 나를 이해하지 못하는 성향이다. 언젠가 여행에 있어 이런 나의 방식을 제안했는데, 절대. 그렇게는 못하겠다고 했다. 주어진 시간, 기회를 그렇게 낭비하고 싶지 않다고. 치밀하고 철저하게 계획해야지 그나마 경험하고 싶은 걸 후회 없이 할 수 있다고. 당연히 미림의 말은 하나 틀린 건 없다. 우리에게 주어진 건 모두 유한하니까. 이 유한한 삶을 어떻게 누리느냐는 또 너무 중요하고.

그래서 미림은 지금 내 옆에서 꼼꼼하게 여행을 계획하고 있다. 사실 도쿄행 자체가 즉흥이었고 항공권 예매도 갑작스러웠기에 몇 난관들이 있었다. 이미 예약이 꽉 찬 도쿄의 숙소들이라든지 입국에 필수적인 코로나 3차 백신 접종이라든지 같은 중요한 것들. 코로나 백신 접종의 경우는 미림이 미리 알아보지 않았더라면 (나의 여행 방식대로 했다면) PCR 검사를 위해 공항에 몇 시간 대기하다가 비행기 시간을 놓쳐서 아예 일본을 못 갈 수도 있었다. (그러면 또 되게 웃기고 슬픈 상황이 벌어져 꽤 비싼 값의 황당한 추억이 생겼을 수도 있겠지만) 어쨌든 우린 여행 3일 전 3차 백신 접종을 하면서 아주 다행스럽게 해외여행을 할 수 있는 자격을 갖췄다. 숙소의 경우도 조금 난감하긴 했다. 비싸고 싸고의 문제가 아니라 아예 방이 없었던 것. 미림은 심각했고 그 와중에 나는 갈 곳 없는 일본이 왠지 재미있을 것 같다는 생각을 했는데,

괴로워하는 미림을 보면서 절대 입 밖으로는 그런 말을 꺼내지는 않았다. 다행히 숙소도 출국을 일주일 앞두고 초 단위로 주시하던 중 누군가의 고마운 취소 자리가 우리를 구원해줘서 침대가 있는 PC방행은 영영 없을 일이 되었다. 다행스러운 일이었다.

 왠지 이번 여행에선 다행의 연속이 될 것 같은 예감이 든다. 저기 차선책까지 생각하며 계획하고 있는 미림 덕분에. 그래서인지 이번 여행이 많이 기대된다. 내가 경험하지 못한 풍성한 여행이 될 것 같아서. 자. 그럼 나도 양심이 있으니 이제 짐을 싸 보자.

　나완 정말 다른 성향의 미림을 보면서 삶의 동반자, 인생 파트너에 대해서 생각을 한다. 나의 허술하고 위험한 부분을 메꿔 주는 미림. 준비와 걱정으로 선택과 시작을 주저하는 미림을 견인하는 나. 이렇게 다른 성향의 사람이 보충해주는 이점에 대해서.

　이번 도쿄 여행만 해도 그렇다. 충동적인 내가 아니었다면 미림은 도쿄에 갈 결심을 했을까. 계획적인 미림이 아니었다면 나는 무사히 도쿄에 갈 수 있을까. 물론 언제나 희망적인 나는 '어떻게든 됐겠지'라고 생각하기도 하지만, 아마 도쿄라기보다는 '어떻게든'에 방점이 찍힌 문제 해결에 급급한 외국 체험이 되지 않았을까. 생각해보면 언젠가부터 든든하다는 생각을 자주 하면서 삶의 불안을 잊고 사는 듯하다. 아마 내 삶에 미림이 있어서일 거다. 나와 반대편에 서 있는 미림이 내 삶의 균형을 잡고 있어서. 종종 내가 삶에 소홀한 날에도 '누군가 한 명'에서 한 명을 맡고 있는 미림이 삶을 꽉 잡고 있어서.

삶을 공유한다는 게 이런 거구나 싶다. 파트너라는 게 이토록 든든한 거구나 싶다.

第4部

도착

(22. 11. 19)

뜻 모르게 굽어있는 앙증맞은 문자들. 직업별로 제복을 갖춰 입은 사람들. 명랑한 언어들. 드디어 일본에 왔다.

코로나로 인해 입국심사 시간이 굉장히 오래 걸린다는 이야기를 들었지만, 우리는 달랐다. 미림의 준비 덕에 미리 한국에서 *visit japan이라는 사전 검역과 입국심사, 세관 신고를 마쳤기에 제대로 된 것이 맞나 싶을 정도로 앞에 놓인 심사들을 귀빈처럼 통과했고 나리타 공항에서 신주쿠로 가는 「나리타 익스프레스」열차표를 발권했다. 모든 것이 순조로웠다.

그래, 준비하면 이렇게 여유롭구나. 너무 당연한 이야기지만, 이번에 확실히 알았다. 그냥 아는 것과 확실히 아는 것은 다르니까, 나는 오늘로 '준비를 하면 여유롭다.'의 공식을 알게 된 거다. 새로 산 책의 절반을 읽었고 온갖 사람 구경을 하면서 글도 썼다.

*
웹으로 검역, 입국 심사, 세관 신고를 할 수 있는 서류 대체 시스템.

영상으로 도쿄 여행을 기록하는 미림을 보면서 나도 기록을 해야겠다는 생각을 하며 지금의 『도쿄와 생각』의 제목도 지었으니 낯선 외국에서 가져보는 생경한 여유였다. 딱. 개찰구에서 통과할 수 없다는 경고음이 나오기 전까지.

삐- 삐-

도저히 알아들을 수 없는 역무원의 영어, 얼마 남지 않은 신주쿠행 열차 도착 시간, 사람을 조급하게 만드는 경고음. 당황하는 나의 나침반 미림의 표정. 우리는 순식간에 미아가 됐다. '이제 어떻게 해야 하나' 순간 혈관이 확장되고 피가 빨리 도는 것이 느껴진다. 어쩌면 나는 이런 위기를 좋아하는지도 모르겠다. 일단 손짓 발짓으로 역무원에게서 얻어낸 '충분하지 않다'라는 게 뭘 의미하는지 알아내야 했다. 어쨌든 무엇이든 부족하다는 것이니, 일단 발권하는 곳으로 가서 대기 줄을 섰다. 어느새 대기 줄이 너무 길어져서 무얼 해도 이곳에서 해야 할 것 같았다.

*Esim으로 연결된 인터넷으로 열차 탑승의 절차를 꼼꼼하게 확인했다. 조급하니 글자가 흐릿했다. 이대로라면 푯값을 날리는 것은 물론이고 여행의 모든 일정이 파행될 것이었다. 비상이었다. 숨을 크게 쉬고 귀를 닫았다.

― 나리타 익스프레스를 타기 위해선 특급권과 승차권이 필요하다.

 찾았다. 역무원이 말한 '충분하지 않다'라는 것이 무엇인지. 그러니까 우리가 발권한 건 신주쿠까지 가는 특급권(열차 좌석에 대한 좌석표)이었고, 우리를 막아선 개찰구를 통과하려면 추가로 승차권도 필요하다는 것. 이해할 수 없는 체계였다. 두 권리를 합친 하나의 표만 발권하면 될 일을 굳이 승차권 따로 좌석권 따로 발권해야 하다니. 어쨌든, 이유를 파악한 우리는 빠르게 일본 교통 카드(스이카)로 개찰구 통과를 시도했다. 승차권을 새로 발권하기에 대기 줄을

---

*
실물 유심 교체 없이 현지 데이터 요금제를 인터넷으로 추가하고 사용할 수 있는 디지털 회선.

기다리는 것은 무리였고 나리타 공항역에서 여유 시간 동안 발행했던 일본 교통 카드(스이카)는 모든 교통수단의 승차권이나 다름이 없기에.

띡. 소리와 함께 통과해도 좋다는 파란 불이 들어왔다. 만세! 만세! 그렇게 미림과 나는 숨을 돌렸다. 하지만 요동치던 정신이 가라앉는 데 시간이 필요한 걸까 미림과 나는 한동안 말을 하지 않았다. 어쩌면 낯선 외국 여행에서 준비가 아예 없던 나에 대한 불만이, 준비를 했지만 미흡했던 미림에 대한 불만이 정적 속에서 다른 탓할만한 표적을 찾고 있는 시간이었을지도 모르겠다.

그래. 이 모든 건, 엉터리 영어를 하는 역무원이나 제대로 된 설명도 없는 일본의 체계 때문인 거다. 억지 제물이 된 그것들에게 미안하지만, 우리는 서로를 탓하기엔 너무 서로의 편이었고 그 어떤 너의 탓도 나의 탓이 될 수밖에 없는 한 팀이었다. 미림과 나는 숨을 크게 한 번 쉬고 깔깔 웃었다. 나리타 공항역에서 여유 시간 동안 샀던 편의점 도시락을 먹으면서, 서로의 사진을 찍어 주면서.

그리고 얼마 후 '**시부야**'라는 소리와 함께 허겁지겁 열차에서 내렸다. 알록달록 색들과 개성 넘치는 사람들, 앙증맞은 글자들로 채워진 간판들. 만화 같은 감탄사들. 진짜 도쿄에 도착한 것이다. 들뜨기 시작했다. 나도, 미림도 영화나 애니메이션에서 보고 듣던 일본어를 남발하며 기분을 냈다. 우리는 운도 좋았다. 대부분 꽉 차 있어서, 쉽게 사용 가능한 짐 보관함을 찾을 수 없을 거라는 말이 무색하게 쉽게 짐 보관함도 찾았으니. 딱. 미림이 구글맵을 켜기 전까지.

"오빠, 우리 왜 시부야야?"

나는 뭔 소리인가 했다. 왜 시부야라니, 시부야에서 내렸으니 시부야인데 하면서 아차 했다. 우리의 목적지는 신주쿠였던 거다. 왜 우리가 시부야에서 내렸을까. 미림도 나도 알지 못했다. (진실로 이건 고백이 아니라 추측인데, 시부야와 신주쿠를 헷갈려 한 내가 주도해서 하차하지 않았을까 싶다.) 「나리타 익스프레스」 난관의 여파가 이제 막 가실 무렵 시부야의 시련이 찾아왔다. 변수에 대한 면역력이 약한 미림의 표정을 살폈다. 조금 일그러져 있다. 나도 나지만, 미림이 그토록 기대하고 준비했던 여행인데 시작부터 난항을 겪으니 미림의 기분이 많이 걱정됐다. 나 역시 글자도 언어도 알 수 없는 이곳에서 겨우겨우 영어로, 번역기로 소통하는 일에 점점 지쳐갔다. 일단 담배 한 대 태우며 숨을 돌리고 싶었다. 그때 미림이 힘차게 말했다. "오빠 힘내! 그럼 여기 *「차테이하토우」에 가자! 지금 신주쿠로 출발해도 우리가 가려고 했던 곳들은 다 문 닫으니까, 지금 우리가 있는 곳에서 갈 수 있는 최선은 여기뿐이야."

빠른 판단과 속 시원한 문제 해결, 무엇보다 명랑한 기운. 낯설면서도 반가운 모습. 언젠가 느껴본 적 있던 미림의 모습인데 또 언제 경험했는지 기억이 안 나는 미림의 모습. 미림의 어깨가 빛난다. 미림...너무 멋있다.

*
카페 이름.

*

　삶은 단 한 번도 우리의 뜻대로 호락호락한 적이 없었다. 생각해보면, 삶은 계속 장애의 연속이었다. 그리고 앞으로도 그럴 것이다. 유감이지만 그것이 삶이다.

　중요한 것은 계속 마주하게 될 장애에 대한 태도다. 당연하게 주어진 장애를 당연하게 극복하려는 태도.

　그러니까, 나는 피하지 않을 것이다. 포기하지도 않을 것이다. 똑바로 마주하고 물고 늘어지고 이겨낼 것이다. 그렇게 매 순간 극복해내고, 장애를 넘는 근육과 힘을 길러 강한 사람이 될 것이다.

　어떤 문제라도 어떻게든 해결하는 사람. 내가 생각하는 진짜 강한 사람이다.

第5部

차테이 하토우와 가부키초

(22. 11. 19)

번잡한 시부야 역 근처에서 조금만 걸어 골목으로 올라가면 고풍스러운 작은 문이 있다. 마치 파리의 비밀 사교 모임 장소 느낌이랄까. 「차테이 하토우」는 30년도 넘은 카페라는데 들어서는 순간, 이곳의 시간은 문밖의 시간과 조금 다르게 흘러가고 있음을 느낀다. 마치 『미드나잇 인 파리』에서 주인공 '길'이 1920년대 파리에 도착하듯이.

종업원들의 유니폼, 벽면을 가득 채우고 있는 오래된 커피잔들, 오래된 가구와 그림, 옛 왕실스러운 꽃꽂이. 모든 것이 이곳의 분위기에 한몫을 한다. 특히 커피 바에서 손님을 마주하고 직접 커피를 내려주는 바리스타의 모습을 보면, 「블루보틀」 창업자가 이곳에서 영감을 얻었다고 하던데 어떤 영감 어떻게 얻었는지 알 것 같기도 했다. 신이 났다. 소풍 가는 버스의 좌석에 앉듯 미림과 나는 서로 자리를 나눠 앉고 의자에서 반쯤 붕 떠서 카페를 구경했다. 곧 종업원이 웃으며 왔다. 미림은 오레그랏세를 나는 브라질 산토스 원두의 커피를 주문했다. 그런데 종업원이 커피를 주문한 사람이 미림인지 나인지 확인을 했다. 아마 손님과 가장 잘 어울린다고 생각되는 커피잔에 커피를 담아 주기 위함인 것 같다고 미림이 말 했다.

사실 처음 일일이 손님과 가장 잘 어울리는 커피잔에 커피를 담아준다는 소문을 들었을 때, 너무 황홀했다. 먼저 대량생산의 복제품들로 이루어진 도시에서 각각의 생명력을 가진 커피잔을 가지고 있다는 사실이 멋있었고, 손님과 어울리는 것을 생각한다니 손님을 그저 하나의 소비자로 보는 것이 아니라 한 명의 독립된 사람으로 대하는 그 진심이 나를 사로잡았다. 하지만 종업원이 나를 단지 남자인지 여자인지, 연령대가 어느 정도인지만 파악하고 홀연히 떠나는 모습에, 바빠서 내게 집중할 수 없겠지 하는 아쉬움과 어쩌면 도시의 마케팅일 수도 있겠다는 생각을 하기도 했다.

하지만 여기서 그런 것쯤은 중요하지 않았다. 사람들의 기분 좋은 웅성거림과 바리스타의 퍼포먼스, 무엇보다 화장실이나 흡연실에서도 분절되지 않는 「차테이 하토우」의 분위기. 두말할 것 없는 좋은 커피 맛. 살짝 의자를 뒤로 기대 누우면 기절할 것 같은 밤이다.

우리는 너무 늦지 않게 「차테이 하토우」에서 나와 우리의 첫 숙소가 있는 신주쿠로 향했다. 그리고 그 유명한 가부키초에 도착했다.

가부키초 한가운데 있다 보니 다양한 문화에 대해 생각하게 된다. 어느 세계든 풍요의 기초는 다양한 문화라고 생각하는데, 그런 면에서 도쿄는 개인의 취향과 그로 인해 확장된 다양한 문화가 잘 지켜져서.

일본 사람들끼리는 어떤 생각을 할지 모르겠지만, 외국인인 나는 조금은 부럽다는 생각도 한다. 애니메이션과 코스프레 성지인 아키하바라, 놀이로 분류되는 도박 파친코, 기녀 게이샤, 그리고 지금 숙소가 있는 호스트 클럽의 거리 가부키초까지.

처음 숙소를 얻고 나서 조금 걱정을 하긴 했다. 숙소가 있는 곳이 환락의 거리라던데, 외국에서 봉변을 당하면 어쩌나 하고. 생각해보면 유치한 두려움이었다. 다양한 외형을 가진 젊은 사람들의 개성, 호스트 클럽의 대형 얼굴 간판들, 취한 사람들의 활기. 이곳 환락의 거리에는 내가 생각한 음습함이 전혀 없었다.

뭐랄까 친숙하기도 하면서도 신기한 거리랄까. 한국으로 치면 동네 번화가마다 있는 나이트클럽 수십 개를 모아 놓은 나이트클럽 특별지구 같은 거리라고나 할까. 재밌다. 이곳의 참여자가 아닌 관람자여서 그런 걸지도 모르겠지만.

그나저나 한국이라는 사회에 갇혀 사고가 더 확장하지 못하는 걸까. 가부키초 한가운데 있으면서도 어떻게 일본 사람들은 호스트바라는 접대 유흥 문화를 수면 위에 정착시킬 수 있었는지 가늠도 되지 않는다. 이웃나라인데 참 이렇게 또 생각이 다를 일인가 싶다.

*

어떻게 다양한 문화가 생겨나는지에 대해 생각해 보다가 두 개의 시작점을 짚는다.

하나는 '존중'

그들의 취향도 그럴 수 있다고 존중하는 것, 그들의 일이 어떤 가치를 가졌는지 존중하는 것, 그들은 우리와 어떻게 다른지 존중하는 것.

그리고 다른 시작점은 '무관심'

그들이 무엇을 하든지, 어떤 가치를 만들어 내는지, 그들이 우리와 어떻게 다른지 그저 모르는 것.

어떠한 통제도 처방도 없는 관심 밖의 영역은 생물이 자유롭게 성장하고 확장할 수 있는 최적의 곳이니까.

第6部

외국

(22. 11. 20)

아침이다. 한국에선 보통 10시가 넘어야 일어나는 내가 8시에 일어난 거다. 이곳은 도쿄고, 우리는 여행 중이니까.

우리는 준비를 서두르고 택시를 잡았다. 소문대로 택시 기사님은 많이 친절했다. 서둘러 내리시더니 우리의 짐을 손수 실어주시고 문을 여닫아주셨다. 내내 웃으시면서. 그런 택시 기사님의 태도에 기분이 좋으면서 한편으로 좀 씁쓸하기도 했다. 문득 그렇지 못한, 한국의 택시 기사님들이 생각나서. 택시에는 귀여운 레이스 시트가 달려있었다. 유년 시절 우리 집 식탁에도 있었던 레이스였다. 그때는 참 촌스럽다고 생각했는데, 이제는 이게 왜 고풍스러워 보이는지.

미림과 나는 택시에서도 관광객처럼 실컷 사진을 찍으며 즐겁게 시부야로 왔다. 어제 잘 못 내렸던 시부야. 벌써 재미있는 에피소드가 생긴 것 같아서 미림과 나는 웃기만 하다. 우린 숙소에 짐만 맡기고 곧장 시부야 역으로 향했다. 첫 행선지인 오모테산도를 가기 위해서.

어제 실컷 헤매서인지 오늘은 조금 도쿄의 전철이 익숙했다. 한국은 각 노선을 쉽게 숫자로 표기하지만, 일본은 각 노선을 이름으로 표기한다.(아사쿠센, 히비야센, 야마노테센 등) 그래서 더 어렵게 느껴지는데, 우리는 그냥 노선의 색깔별로 7호선, 2호선, 3호선 이렇게 얘기했다. 그편이 익숙했고 훨씬 쉬웠다. 그렇게 우리는 오모테산도에 도착했다. 시간이 일러서 그런지 많은 가게가 아직 문을 열지 않았다. 가게 입구에 오픈 시간을 보니 대게 11시거나 11시 30분이었다. 출근이 늦는 걸까 아니면 출근은 일찍 했지만 준비하는 시간이 오래 걸리는 걸까라는 이런저런 생각을 하며 우리는「네즈미술관」앞 카페「다운 더 스테얼스」에 도착했다. 아직 오픈 전이었는데 이미 여성 두 분이 기다리고 계셨다. 미림은 자신이 앉고 싶은 창가 자리에 앉을 수 있을 것 같다며 기뻐했는데, 저기 기다리고 계시는 여성 두 분도 창가 자리를 노리고 계신 것 같았다. 자리는 세계 어디에서도 중요한 걸까.(다행히 창가 자리는 4자리였다.) 개인적으로 브런치 가게는 한국의 감각적인 브런치 가게와 크게 다른 인상을 못 느꼈다. 한 가지 기깔차게 좋았던 건, 창가 자리다 보니 바로 앞에 쿠마켄고의 디자인

「네즈 미술관」이 보인다는 것.

　우리는 카페를 나와 2층의 작은 상점들을 구경했다. 내가 아는 곳도 있었다. 편집숍「아츠앤사이언스」언젠가 잡지에서 봤을까. 오너가 한국계라고 해서 기억을 한다. 그런데 잘못 들어왔음을 느낀다. 예쁜 것이 너무 많았다. 특히 내 것들이. 보통 내가 직감을 할 땐 미림도 같이 직감한다. 이곳은 위험한 곳이라는 걸. 나는 입어봐도 되냐는 간단한 말도 파파고로 겨우 번역해서 여러 옷을 입어봤고 미림은 내 옆에서 옷의 만듦새에 감탄하며 일본인들의 섬세함에 질투하기도 했다. 그러다가 진짜 내가 이 옷을 위해 태어난 사람인 것 같은 느낌이 들 정도로 너무너무 잘 어울리는 옷도 찾았는데, 이제 고작 둘째 날이라서, 내가 진짜 후하게 생각했던 가격보다 배가 비싸서 어금니를 꽉 깨물고 인사를 건네며 가게를 나왔다. 그리고 옆 가게는 그릇 가게.

　아까 말했던가, 보통 내가 직감을 할 때 미림도 같이 직감한다고. 그 반대도 마찬가지다. 미림이 직감할 땐 나도 직감한다. 이곳은 위험한 곳이라는 걸. 그

릇과 컵, 오브제와, 온갖 자기류, 온통 미림이가 좋아하는 것들 투성이었다. 우리의 안목이 좋은 걸까, 좋은 물건은 누가 봐도 좋은 걸까. 만듦새도 미감도 너무 좋았다. 하지만 나는 미림이 저 깨지기 쉬운 것들을 무사히 가져갈 수 있을지 엄두가 나지 않았다. 물론 가져갈 수 있다고 선뜻 살 수 있는 가격도 아니었다. 하지만 미림은 방금 전 「아츠앤사이언스」의 나처럼 주술에라도 걸린 듯 가게를 벗어나지 못했다. 나는 깨지기 쉽다고 너무 위험하다고 미림을 달랬지만, 미림은 내게 하나도 위험하지 않아 보이는 작고 귀여운 간장 종지를 내밀었다. 주술을 풀 수 있는 열쇠처럼. 우리는 그곳에서 치를 수 있는 가장 싼 값에 주술을 풀고 그 위험한 건물 자체를 벗어났다. 그리고 바로 길 건너편은 쿠마겐고의 네즈미술관으로 향했다.

*

  도쿄에는 차가 많이 보이지 않는다. 우리가 차가 없는 쪽으로만 다녔던 걸까. 인구도 서울보다 많을 텐데 서울보다 차가 없는 느낌이다. 서울보다 면적이 넓어서 그런 걸까, 주차장이 잘 되어 있는 걸까 아무리 생각해도 모르겠다. 어쨌든 차가 많이 없으니 도시가 제법 넉넉하게 느껴진다. 그리고 오모테산도에서 도착해서는 내내 느꼈던 도시의 넉넉함에 대한 감정이 부러움이 된다. 그러니까 차가 없는 길이 주는 넉넉함 때문에. 주정차 된 차 하나 없이 깔끔하게 정돈된 길. 사실, 이곳에 도착하기 전 시부야의 길도 그랬다. 어쩌다 정차하는 택시나 버스 말고는 길에 주정차 된 차가 하나도 없었다. 아예. 신기했다. 쓰레기가 없는 것은 물론이고 길 자체가 뭐랄까 각 잡혀서 정돈된 느낌이었다. 거리가 깔끔하게 정돈되어 있으니 동네 자체가 청결하고 디자인되어 보였다. 부러웠다. 미감이 주는 인상을 중요하게 생각하는 나였기에 더욱.

서울도 불법 주정차에 되게 엄격한데, 이 정도 거리를 만들 수 있는 도쿄의 비결이 뭘까. '시민의식 차이'라는 간편한 말은 서울의 높은 시민 의식을 아는 나로서는 설명이 되어주지 못했다. 분명 다른 무엇이 있을 거라 생각했다. 그리고 그 부러움은 오래된 상가의 화장실에서도 이어졌다. 오래됐지만, 물때 하나 없이 깨끗한 화장실.

솔직히 경이로운 수준이었다. 스테인리스며 타일이며 플라스틱이며 정말 다 낡았는데 그곳에서 잠을 자라면 잘 수 있을 정도로 깨끗했다. 악취는 당연히 없었고, 화장실 어디를 들춰봐도 곰팡이 하나 없었다. 호텔처럼 예쁘게 접힌 휴지는 항상 누군가를 환대하겠다는 각오와 친절함이 배어있는 듯했다. 오래된 화장실을 나오며 다시 한번 뒤를 돌아봤다. 화장실은 청결한 모습만으로 충분히 멋진 디자인처럼 보였다.

나는 아직 도쿄 여행이 끝나지 않았는데도 집을 생각한다. 집에 가면 더 질서있는 정리 정돈과 청소를 해야겠다고. 마치 잘 디자인 된 집을 위해서. 나를 환대하기 위해서.

第7部

쿠마켄고와 네즈미술관

(22. 11. 20)

눈앞에 있다. 쿠마켄고「네즈미술관」의 출입구. 멋진 사진을 많이 봐서일까, 날씨가 좋지 않은 탓일까, 잘 찍힌 사진처럼 압도하는 느낌은 없다. 그래도 내가 여기 있다는 게, 이 입구로 들어간다는 사실이 낭만적이다.

　입구에 들어선다. 직접 와서 보니 왜 이런 출입구가 탄생했는지 알 것 같았다. 문제 해결에서 탄생된 디자인.「네즈미술관」은 차가 달리는 큰 도로 바로 앞인 오모테산도 도심에 있다. 그래서일까, 보통 미술관이 가지고 있는 넓은 앞마당이 없다. 정말 횡단보도만 지나면 바로 미술관이다. 그래서 내부 미술관의 세계와 외부 도시 세계를 구분 짓는 무엇이 꼭 필요했을 것 같다는 생각이 든다. 내가 책을 만들 때 독자가 어떻게 본문까지 잘 진입할 수 있도록 유도하는 것처럼. 그런 부분에서 지금의 출입구는 멋진 고민의 흔적임을 느낀다.

　「네즈미술관」의 출입구를 본다. 직관적인 대립구조다. 한쪽은 자연의 길(자갈)과 자연의 벽(대나무) 다른 한쪽은 인간의 길(가공된 돌)과 인간의 벽(가공

된 대나무). 이 조화가 참 멋지다. 그러면서도 그 구분을 확실히 지어 놓은 탓에 양립하는 것에 대한 쿠마켄고의 언어를 볼 수 있어서 감탄한다.

입장료가 만 사천 원 정도 하는데, 「네즈 미술관」이 정원으로 유명한 걸 알아서 비싸더라도 크게 별 반감은 없다. 로비는 통유리로 정원을 보여주는데 그 덕에 개방감은 물론이고 정원을 로비로 끌어오는 효과도 있다. 확실히 로비에서 정원을 바라보면 고즈넉한 일본 대저택의 정원 느낌이 든다. 실내는 다양한 직선이 반복되어있는데, 계단의 직선과, 천장의 직선, 프레임의 직선을 끊임없이 마주하다 보면 오히려 조금 지루한 느낌이 들기도 한다.

「네즈미술관」의 정원은 가을 단풍이 절경이라던데, 다양한 거목들을 보니 그럴 것 같기도 하다.(우린 가을 끝에 왔다.) 정원의 입구에 익숙한 석탑들이 보이는데, 이런 쌍. 우리의 것이다. 그러니까 석탑 밑에 짧은 해설문에 '**고려**'라고 쓰여 있는 것이다. 미림이 분명 훔쳐온 거라고 노발대발한다. 무작정 불법 반출한 것이라고 볼 수도 없겠지만, 왠지 꺼림칙하다. 그때부터 우리는 정원의 조경보다 정원에서 장식으로 쓰이고 있는 우리의 것들을 찾는 데 집중하기 시작했다. 석탑, 부도, 석등, 문인석, 석조 동자상. 곳곳에 한국에서 건너온 것들이 있다. 몇몇은 분명히 우리의 것 같은데 표기조차도 안 되어 있다. 갑자기 입장료 만 사천 원을 돌려받아야겠다는 생각이 든다. 역사 안에서 교류 형태로 넘어간 문화재는 어쩔 수 없지만, 과연 여기 개인의 미술관의 이것들이 그런 것일까. 미림과 나는 네즈의 정원을 돌며 구석구석 욕을 심었다.

돌아가는 길에 「네즈미술관」의 카페가 보인다. 카페 천장을 한지 같은 소재로 빛을 투과시키게 했는데, 거기서 오는 자연적인 미감이 참 아름답다. 혹시 쿠마켄고가 극우 정치 성향을 가졌는지 검색해본다. 다행히 아니다. 가까이에서 보고 싶은데 카페 이용 대기 줄이 꽤 길다. 포기해야지 하는데, 마치 복수할 거리를 찾았다는 듯 미림이 그냥 들어간다. 순간 뭐랄까 통쾌했다. '그래, 너희도 우리 석탑 가져갔으니까 나도 너희 천장 그냥 가져간다.'하는 마음으로 냅다 카페에 들어가 사진을 찍었다. 미림과 나는 대단

한 복수라도 한 듯 낄낄 웃었다.

나가는 길, 다시 「네즈미술관」의 출입구를 본다. 둘로 나뉘어 있는 길이 보인다. 자연의 길과 인간의 길. 순간, 새로운 생각이 떠오른다. 만약 한쪽이 입장의 길이고 한쪽이 퇴장의 길이라면, 자연의 길로 미술관의 세계에 입장하고 인간의 길을 통해 다시 왔던 세계로 퇴장하는 것일까. 「네즈미술관」을 나와 메모장에 메모를 한다.

-자연의 것과 인간의 것, 과거의 것과 현대의 것, 그리고 당신의 것과 우리의 것.

*

　언제나 중요한 건 '왜?'라는 질문 다음의 답이다. 우리의 물건이 여기 있든, 거기 있든 그것이 뭐가 그렇게 중요하겠는가. '왜?' 여기 있는지가 중요한 것이지.

　미림과 나도 지금 여기 '왜?' 있는지 그것이 중요한 것이고.

第8部

비 오는 도쿄

(22. 11. 20)

예보에 없던 비가 내리기 시작했다. 비는 내일 오고, 오늘은 종일 흐리기로만 했는데 이건 약속과 다르다. 우산이야 편의점에서 사면 되지만, 오늘의 오모테산도를 위해 꺼내 입은 미림과 나의 흰바지는 어쩌면 오늘까지만 흰바지일지도 모른다는 게 문제다. 그래도 뭐 어쩌겠는가. 흰바지를 지키겠다고 어정쩡하게 걸으며 여행을 잘 즐기지 못하거나, 구정물이 바지에 튀었다고 우그러진 기분으로 여행할 순 없으니까. 흰바지를 제물 삼아서 비 오는 도쿄를 즐겨봐야지. 각오를 하며 미림과 허탈한 웃음을 짓는데 진짜 웃음이 나왔다. 벌써 추억될 몇 장면들이 예감된다. 여행 'travel'의 어원은 'travail' 고통, 고난이라고 하던데, 그래 이게 여행의 맛이지 싶었다.

우리는 편의점에서 8천 원짜리 투명 우산을 사고, 비 내리는 오모테산도를 걸었다. 당고 가게 처마에서 비를 피하며 당고를 먹고, 비 오는 거리의 사진도 찍으면서 거리마다 열린 가게들을 일일이 구경했다. 꽤 즐겁고 낭만적이었다. 자연스럽게 노을을 만드는 해도 낭만에 한몫했다. 그런데 잠깐. 벌써 해가 진다니, 억울했다. 위치적으로 서울이랑 얼마나 차이가 있다고 도쿄는 이렇게 해가 빨리 지는 것인가. 도쿄에서의 시간이 정해져 있었기에 이런 식으로 빨리 찾아오는 저녁이 억울하고 아쉬웠다. 하지만 미림은 도쿄의 해가 약하다는 걸 이미 알아서 그런지 억울해할 틈도 없이 분주했다.

밤이 찾아오기 전에 한 곳이라도 더 가야 하니까. 그리고 도착한, 샤넬 빈티지의 성지「아모레」

어느 여행지나 한국 같은 곳이 있다. 한글이 보이고 한국어가 들리는, 한국 사람이 많은 곳. 이곳이 내게 그랬다. 대부분의 오가는 손님이 한국인이었다. 미림은 오래전 이곳에서 마음에 쏙 드는 샤넬 가방을 산 적이 있다고 했는데, 지금은 너무 유명해져서 한국 사람들이 필수로 거쳐 가는 곳이 됐고 그만큼 좋은 물건도 없어졌고 가격도 많이 비싸졌다고 했다. 그러면서 특별히 살려고 온 건 아니고 그냥 들러본 거라고.

사방에 널린 샤넬들을 본다. 조금 징그럽다는 생각도 하고, 여기 있는 것이 모두 정품일까?라는 의심도 하고, 언제 만들어졌는지 모를 미사용 상태의 좋은 물건들을 보면서 빈티지의 매력 같은 것을 생각하기도 한다. 미림은 이것저것 만져보더니 처음부터 살게 없을 거라는 걸 알았다면서 아쉬운 표정을 지으며 나가자고 한다.

그런 미림을 보고 있으면 마음이 좀 착잡해진다. 사랑하는 사람을 웃게 하는 것. 그것이 내 유능함이고 저기 슬픈 눈을 짓게 하는 건 나의 무능함 같아서. 아마 전 세계 누구라도 사랑하는 사람이 있다면 같은 마음이지 않을까 싶다. 다른 것이 있다면 그건 주머니 사정이고. 그래서 지금 나는 좀 속상하다. 내가 사랑하는 미림을 웃음 짓게 해주지는 못할망정 슬픔 짓게 해야 하니까. 나는 시커먼 속을 비우고 싶어 담배에 불을 붙인다. 그때 미림이 말한다.

"오빠가 좋아하는 라멘 먹으러 가자! 백종원이 극찬한 곳! 비 오는 날, 뜨끈한 라멘!"

나는 맑은 미림의 모습과 라멘이라는 말에 웃음이 나왔고 나의 웃음에 미림도 따라 웃는다. 사랑하는 사람을 웃게 하는 유능함이다. 그제야 나는 또 착각했다는 걸 깨닫는다. 사랑하는 사람을 웃게 하는 것에 꼭 대단한 무엇이 필요한 게 아닌데.

*

 사랑하는 이에게 내가 무언가를 해줘야지만 그 사람이 웃을 수 있다는 생각을 버린다. 그 사람도 스스로 웃음을 만들 수 있는 사람임을 잊지 않기로 한다. 내가 너를 통해 웃듯이, 너는 나를 통해서. 우리는 서로가 웃길 바라고 서로의 웃음에서 또 각자의 웃음을 얻는다. 나를 통해 또 너를 통해 웃음이 순환될 때 우리의 사랑은 더 커진다.

第9部

타츠노야 라멘

(22. 11. 20)

바 형태로 된 작은 가게다. 백종원 님이 극찬한 맛집이라서 보통 대기를 해야 한다고 했는데 비가 와서일까(아닌데, 비가 오면 더 면이 당기지 않나?) 시간이 아직 밥 시간이 안 되어서일까, 우리는 대기 없이 끝자리에 앉았다. 10년 전이나 지금이나 도쿄의 어느 라멘집이든 주문은 키오스크로 한다. 나는 뜨끈한 국물이 먹고 싶어서 라멘을 시키려는데, 미림이 백종원 선생님이 극찬한 건 츠케멘이라고 말하며, 츠케멘을 시킨다. 태어나서 츠케멘을 처음 들어본 나는 미림에게 츠케멘이 뭔지 물어보는데, 판모밀처럼 면을 국물에 담가서 먹는 거라고 한다. 그럼 나는 당연히 라멘이다. 국물이 당기니까, 진하게 우려진 국물!

한국에도 일본 라멘집이 많지만, 오리지널의 힘이라고나 할까, 내가 지금 도쿄에 있음을 온몸으로 느낀다. 가게의 이곳저곳을 구경하는데 얼마 되지도 않아 라멘이 나온다. 배고픈 우리에겐 참 마음에 드는 속도다. 드디어 도쿄에서의 첫 라멘!

아! 진하다!

너무 진해서 조금 느끼한 것 같기도 하고. 츠케멘을 먹는 미림을 본다. 언젠가부터 뭔가 애매할 땐 미림을 보는 버릇이 생겼는데, 눈이 마주치면 그때부터 우리는 평론가 모드가 된다. 이러쿵저러쿵 늘어놓는 칭찬과 아쉬운 것들. 우린 말이 참 많다 싶으면서, 우리의 이야깃거리가 되어주는 세상 모든 것들이 참 고맙다는 생각을 한다. 특히 신기하고 불편한 것이 많은 해외여행의 경우는 더욱.

옆 사람은 한 그릇을 더 주문하고, 우리는 옆 사람이 뭘 더 주문했는지 흘겨보며 주방의 종업원들이 무슨 말을 하는지 추측하며 크크 웃는다.

여행지에서의 충분한 저녁이다.

세계를 만드는 것은 언어다.

언어가 통하면 같은 세계가 탄생되고 언어가 사라지면 개별된 존재로 남을 뿐이다.

第10部

다이죠부 오니샹

(22. 11. 20)

쇼핑은 못했지만, 쇼핑이라고 말해야 할 것 같은 쇼핑을 마치고(편집숍「빔즈」에 대한 기대가 컸지만, 실망도 컸다.) 미림이가 세상에서 제일 맛있는 프렌치토스트를 파는 집이라고 하는「카페 알리야」에 왔다. 모든 일본 카페가 그런 건 아니겠지만, 일본의 카페들은 요즘 한국의 세련된 카페와 달리 대게 오래된 멋이 있는데 그게 참, 하나도 촌스럽지 않고 감각적이다. 먼저 직원에게 사진을 찍어도 되는지 '샤신오 톳테모 이이데스카'(한국에서 연습해 온 일본어 3개 중 하나.)라고 묻는다. 직원은 당연하다며 너무나도 친절하게 응대해준다. 그 친절이 참 고맙다. 그리고 드디어 나온 프렌치토스트. '얼마나 맛있길래 프렌치토스트 매니아인 미림이 이토록 극찬하는 걸까' 생각하며 한입 먹는데...맛있다. 진짜 맛있다! 미림을 따라다니며 한국의 맛있다고 소문난 달고 느끼한 프렌치토스트를 숱하게 먹어봤지만, 이곳의 이것은 진짜 맛있다. 우유에 3일은 절여 놓은 것처럼 정말 부드럽고, 고소하고, 달다. 하나도 느끼하지 않아서 이런 프렌치토스트라면 정말 매일 먹을 수도 있겠다는 생각을 한다.

프렌치토스트 맛과 비 오는 도쿄 그리고 「카페 알리야」의 분위기에 우리는 시간 가는 줄 모르고 젖었다. 곧 폐점 시간이라는 말에 한참 사진 찍기에 열중인 미림 대신 내가 계산을 하려는데, 직원이 한국에서 왔느냐는 둥, 자기도 한국을 좋아한다는 둥, 말을 걸어서 처음으로 도쿄에서 일본 사람과 사적인 대화를 하게 됐다. 기뻤다. 일본어를 할 줄 몰라 번역기를 두드리는 나를 기다려주는 그가 다정한 사람이어서 그런 것도 있지만, 도쿄에서 일본사람과 일본어로 말을 섞어봤다는 것이 정말 내가 도쿄 여행 중이라는 것을 증명하는 것 같아서.

카페를 나와 신나게 미림에게 일본 사람과 이야기한 걸 자랑하며 자연스럽게 일본 지하철을 한국 지하철처럼 탔다. 그리고 숙소가 있는 시부야에 도착하고 나서, '참 즐거운 하루였다-!' 하면서 휴대폰으로 오늘 찍은 사진을 보려고 휴대폰을 찾는데, 없다.

휴대폰이 없다.

호주머니를, 가방을 어디를 뒤져봐도 없다. 순간

머릿속이 까매지기도 하얘지기도 하면서 필사적으로 휴대폰의 마지막 모습을 기억해내는데, 아무리 생각해도 조금 전의 「카페 알리야」였다. 그런데 그곳은 이미 오늘 영업이 끝나지 않았나. 혹시 몰라 시간을 보니, 끝났어도 한참 끝난 시간이었다. 휴대폰이 없어진 것을 알고 난 순간부터 옆의 미림이 하는 말이 안 들렸는데, 계속 '어떡해 어떡해' 같은 입 모양이었다. 그래. 이제 어떻게 해야 하나. 지금 내가 할 수 있는 것을 생각해 보자. 지금 내가 할 수 있는 일은...없다. 없었다. 확실하진 않지만, 가장 유력한 문 닫은 가게를 상대로 지금 내가 할 수 있는 일은 내일 「카페 알리야」가 열면 휴대폰의 행방을 물어보는 것밖에. 나는 미림에게 "일단 오늘은 그만 숙소로 돌아가자"라고 말하는데 미림이 「카페 알리야」 번호를 알아내서 전화를 걸었다. 일본 카페의 전화번호는 어떻게 알아냈고, 전화료 폭탄을 맞으면 어떡하려고 무작정 전화를 건단 말인가, 그리고 문 닫은 카페가 전화를 받을 리도 없을 텐데. 분명히 그럴 텐데 미림이 수화기에 대고 말한다.

"모시모시!"

순간 머리에 고여있던 피가 몸으로 퍼졌다. 전화는 걸었지만 무슨 말을 해야 할지 멈칫하는 미림 옆에서 나는 수화기에 외쳤다.

"한고쿠 커플! 아이폰! 블랙!"

그 외침 뒤로는 피가 머리까지 순환하는데 시간이 걸렸을까 기억이 없다. 미림은 능숙하게는 아니지만 멋지게 통화를 끝냈고 빨리 카페로 가자고 했다.

미림이 내게 말해 준 통화 내용은 이랬다.

카페 문은 닫았지만, 아직 자기는 카페에 있고. 한국 커플 당신들을 알고 있으며 검정 아이폰도 갖고 있다고. 올 때까지 기다릴 테니 빨리 오라고.

나는 휴대폰을 찾아준 미림이 너무 고마웠고 잠시 동안 무능력 했지만, 지금부터는 나의 몫이라고 생각해서 미림을 개찰구 너머에 두고 그에게 달려갔다. 비가 오는 도쿄의 거리를 달려 「카페 알리야」로.

정말 그는 '신의를 저버리지 않습니다.'라는 자세로 나를 기다리고 있었고 웃으며 휴대폰을 건네줬다. 나는 무릎에 머리가 닿을 정도로 몸을 접으며 아리가또 고자이마스! 아리가또! 아리가또!를 외쳤다. 그러니까 말이 아니라 외침이었다. 정말 근래 이렇게 고마운 일이 있었나 싶을 정도로 고마웠다. 분실물이야 고작 휴대폰이지만, 그의 선의는 아마 내 인생에 강렬하게 남을 고마움일지도 모른다. 나는 이 다행스러운 소식을 빨리 미림에게 전하고 싶어 미림에게 달려갔다.

저기 개찰구 너머 미림도 웃으며 나를 기다리고 있었다.

*

별 소란 없이 아내와 갖는 매일의 즐거운 생활은 더할 나위 없이 충분했다. 얽매인 것 없이 일어나 차를 마시며 음악을 듣고, 걱정 없이 제철과일을 먹으며 책을 읽거나, 목적 없이 산책을 하고 불편함 없이 잠에 드는 소위 말하는 안정된 삶. 그런데 그 안정이라는 것이 왠지 내가 가지고 있던 것들이 없어질 때마다 더 선명해진다는 느낌을 받는다. 그러니까, 얽매이는 것이 없어지거나, 걱정이 없어지거나, 목적이 없어지거나 할 때도 그렇지만, 야망이 없어지거나, 열정이 없어지거나, 활기가 없어지거나 할 때도 말이다. 그래서 조금은 심심하고, 조금은 슬펐다. 나를 끓어오르게 만드는 것들이 점점 사라지는 것 같아서. 그렇게 적당한 온도의 평온한 서른 중반이 되는 것 같아서.

딱, 도쿄에 오기 전까지.

해외여행에서 안정된 것이 있을까. 모든 것이 낯

설고 불편하고 어렵고 힘들다. 인간이 동물이라는 것을 증명하기라도 하듯 본능적으로 생존하기 위해 치열해진다. 그렇게 겁이 생기고, 걱정이 생기고, 목적이 생기고, 불안이 생기고, 활기가 생긴다. 그래서 나는 지금 누구보다 뜨겁게 살아있다. 적당한 온도의 평온한 서른 중반이 조금은 심심하고 슬프다고 건방을 떨었던, 한국에서의 나를 혼내듯이.

第11部

쇼핑과 취향

(22. 11. 21)

카페 「오가와」의 넓은 창으로 낯선 동네를 본다.

깨끗한 거리이기에 장식 같은 전봇대와 부드럽게 늘어진 전선, 그 아래로 지나가는 자전거. 일본 영화나 애니메이션에서 자주 등장하는 일상적인 장면이 경치가 된다. 이 일상적인 경치는 낮이 가진 특유의 시간 흐름과 맞물려 밀도 높은 낭만이 된다. 달가운 시간. 하지만 사탕이 달다고 오래 물고 있으면 이가 썩는 법. 낭만에 젖은 몸이 무거워지기 전에 미림에게 다음 목적지를 묻는다. 그러자 미림은 선물 포장지를 뜯어보라는 표정으로 나를 보며 뿌듯해한다.

다음 목적지는 '다이칸야마'

내가 좋아하는 의류 브랜드 「나나미카」의 매장이 있고 성지 순례하듯 꼭 가고 싶었던 서점 「츠타야」, 그리고 마키 후미히코의 디자인을 볼 수 있는 곳. 벌써 신나고 벌써 만족스러웠다. 기대가 클수록 실망도 크다고 하지만, 실망할 리 없었다. 나의 맹목적인 애정 때문이 아니라, 그들의 실력이 너무 믿음직스럽기 때문에.

어제 남김없이 쏟아 내린 비 덕분에 다이칸야마는 빛이 났고, 맑은 날씨 덕분에 어제 2만 보를 걸어 낸 미림과 나의 발은 바짝 마른 솜처럼 가벼웠다. 그리고 도착한 「나나미카」와 「노스페이스 퍼플라벨」 매장.

내가 두 브랜드를 좋아하게 된 시작점이 생각난다. 성수동. 그 동네에서 산책하는 어떤 남자의 단정하고 편안한 옷차림이 '참 생활 자체가 윤택한 사람 같다'라는 인상을 주었던 날. 옷이 좋은 옷이어서 그렇게 느꼈을까. 산책하는 짧은 순간에 옷이 좋다는 것은 어떻게 알았을까. 하나 확실한 건, 그 사람의 옷에는 아무 브랜드 로고도 보이지 않는 조용한 디자인이었다는 거다. 거대한 브랜드 로고가 "나 브랜드야!"라고 소리치는 옷이 아니라서, 나는 멋진 옷이 아니라 윤택한 사람을 볼 수 있었던 거다.

그때부터 나는 소리치지 않는 디자인의 단정하고 편한 옷을 찾았다. 편한 생활 속에서도 단정하고 싶어서, 그리고 브랜드에 묻히고 싶지 않아서. 그런 종류의 옷을 찾다가 찾다가 「나나미카」라는 브랜드를 알게 됐다. 그리고 우연히 기능적인 「노스페이스」 옷에서 멋을 느꼈는데, 그 옷이 「나나미카」에서 만든 「노스페이스 퍼플라벨」이라는 것도. 그때부터 브랜드에 대한 인식도 바뀌었다. 내게 브랜드는 '나는 이런 정체성을 가진 옷을 입는 사람이고 이건 싸구려 옷이 아니야' 라고 말하는 표현 같은 거였는데 이젠 어떤 인증마크가 된 것이다. 천연성분임을 알려주는 치약 튜브의 녹색 띠처럼, 안전한 상품임을 증명하는 KC 인증마크처럼. '이 옷은 우리가 만든 옷이니 만듦새를 보장한다는 표시.

그렇게 「나나미카」를 좋아하게 됐다. 그리고 지금 내가 좋아하는 것들에 둘러싸여 있다. 좋아하는 것들에 둘러싸인 남자. 이 남자는 얼마나 즐겁겠는가. 미림은 테마파크에서 놀이기구를 태운 아이를 지켜보듯 먼발치에서 나를 지켜본다. 나는 미림에게 이건 한국에서 구하지 못하는 거라고 말하거나 환율, 부가세, 관세, 배송료를 따지면 한국에서 인터넷으로 살 때보다 40만 원은 싸게 사는 거라며 신나게 설명하며 즐거운 티를 냈다. 그렇게 셔츠와 바지, 패딩을 사고 도쿄 여행이 2일 남은 3일째 도쿄에서의 쇼핑을 마쳤다. 돈을 다 썼다는 말이다.

*

 장사를 하는 아버지가 내게 해준 말이 있다. '다른 사람의 지갑에서 돈을 꺼내게 만드는 일은 정말 어려운 일이다.' 나는 그 말의 뜻을 안다. 돈은 결코 헤프지 않다는 것이다. 그리고 이제는 그 말의 뒤편을 읽는다. 버는 것도 그렇지만, 쓰는 것도 마찬가지라는 것을.

 우리는 언제 지갑을 여는가. 낭만적인 이데올로기가 아닌 자본주의에서 내가 한치도 벗어날 수 없다면 나는 이 질문에 아주 중요한 답이 있다고 생각한다.

 내가 무엇을 좋아하는지 모르는 사람에겐 취향의 답을, 삶의 방향을 잃은 사람에겐 추구하는 가치가 어느 쪽에 있는지, 나아가서 내가 어떤 사람인지까지.

 그래서 우리는 어디에 돈을 쓰는가. 정말 어렵게 지갑에서 돈을 꺼내게 만든 그것은 무엇인가. 좋아한다 말하면서 굳이 돈을 쓰고 싶지는 않은 적은 없었는가. 그 대답 뒤엔 진실한 우리의 취향과 사랑과 삶의 가치가 있을 것이다.

第12部

마키 후미히코와 힐사이드 테라스

(22. 11. 21)

미림이 나를 끌고 와 이곳에서 사진 찍어달라고 말한다. 타일로 마감된 깔끔하고 멋진 건물.

"어? 여기서부터 힐사이드 테라스잖아?"

미림은 자주 본능적으로 찾아낸다. 좋고 멋진 것들을. 마치 철을 골라내는 자석처럼. 물론, 좋고 멋진 것들은 누가 봐도 좋고 멋있어 보일 수도 있고.

건축에 관심이 많은 건 아니지만, 여행의 동선에 좋은 건축물이 있다면 꼭 체크를 한다. 건물이라는 건, 공간의 경험에 대한 예술이고 그 말은 곧 '그 공간을 사용해 보지 않고서는 아무리 인터넷으로 보더라도 가치를 알 수 없다.'라는 거니까. 그러니까 내가 가는 여행의 동선에 좋은 건축물이 있다는 건, 그곳에 있어 볼 수 있는 기회이자 그곳을 직접 경험할 수 있는 행운인 거다.

쇼핑하느라 시간을 많이 쓴 탓에, 힐사이드 테라스 프로젝트의 건물들을 뛰어가며 뒤에서 보고 앞에서 보고, 길 건너에서도 보고, 미림에게 조금만 혼자

놀고 있으라고 하면서 건물 안에서 마키 후미히코를 경험한다. 한국에선 쉽게 구경 못 해 본 멋진 건물이다. 새하얀 건물들과 재료와 재료를 어떻게 연결할지 고민한 흔적은 이게 건축 디자인이구나라는 걸 깨닫게 해준다.

소문대로 자연을 훼손하지 않고 건물을 만들었다는 부분은 사실 엄청 와 닿지는 않은데, 몇몇 넓은 공간을 차지하고 있는 거목들을 보면 그 노력이 보이는 것 같기도 하다. 근데 생각해보면 건축주가 정말 대단한 것 같다. 나무를 뽑으면 더 경제적으로 효율 좋은 건물을 지을 수 있었을 텐데, 그걸 포기한 거니까. 또, 자연을 훼손하지 않기 위해 고민하다 보니 프로젝트 기간도 엄청 길어졌다는데 시간이 곧 비용인 건축에서 그런 제안을 수락하다니. 한국에서 가능한 일일까 생각하면서, 북디자인 외주를 종종 하는 입장에서 역시 멋있는 프로젝트는 멋진 클라이언트가 있어야 가능하다는 생각을 한다.

모든 힐사이드 테라스의 하얀 건물들을 보며 하나의 프로젝트로 묶인 연결성과 건물마다 다른 테라스

난간을 보며 명확하게 다른 건물임을 보여주는 독립성이 참 감탄스럽다. 잘은 모르지만, 하중을 견뎌야 하는 보 같은 장치나 배수에 필요한 홈통 같은 것들도 멋있게 디자인되어 있는 걸 보면서 기능과 미감에 대한 마키 후미히코의 감각을 느낀다. 그리고 배운다. 디테일을.

하지만 이 프로젝트에서 디테일보다 더 중요한 건, 스케일이다. 마을이라는 규모 주는 거대한 아름다움. 그러니까 기존의 것을 지키려고 한 마키 후미히코의 신념과 얼마를 쓰더라도 그 신념을 지켜 준 클라이언트. 그렇게 마을을 이룰 만큼 다이칸야마 전 지역에 지어진 힐사이드 테라스 건물들. 그리고 그 정신을 지키기 위해 힐사이드 테라스와 어울리게 지은 새로운 건물들. 그렇게 탄생한 아름다운 마을. 세대를 넘어서 지금도 진행되고 있는 진짜 대형 프로젝트.

*

 잘 만들어진 건축물을 보면서 어떻게 연결하는지가 얼마나 중요한 지를 느낀다. 다른 소재를 부드럽게 하나의 소재처럼 연결 시킬 것인지, 다른 소재임을 드러내면서 연결을 시킬 것인지. 주변 환경과는 또 어떻게 연결하고 건물과 사용자 간의 연결은 또 어떻게 할 것인지.

 글 쓰는 일도 마찬가지라는 생각을 한다. 문장을 어떻게 연결할 것인지 단어를 어떻게 연결할 것인지. 어떻게 정교하게 연결할 것인지, 얼마나 아름답게 연결할 것인지, 또 독자와는 어떻게 연결될 것인지.

 그런데, 생각을 하다 보면 결국 '연결'이 예술에 있어 전부가 아닐까라는 생각을 한다. 색을 어떻게 연결할 것인지, 공간과 어떻게 연결할 것인지, 시대와는, 피사체는, 동작은, 소리는 (…) 궁극적으로는 세계와 어떻게 연결될 것인지가 본질적 고민이기에.

第13部

츠타야 서점

(22. 11. 21)

힐 사이드 테라스 건물들을 둘러보다 보면 사람이 제법 북적이는 건물을 만난다. 수많은 T로 만들어진 돌이 합쳐져 큰 T가 되어 외벽을 이루는 츠타야(Tsutaya)의 T사이트다. 소문으로만 듣던, 수많은 서점의 뮤즈. 출판산업에 몸담고 있는 내가 미림에게 이곳은 꼭 가고 싶다고 한 곳. 이미 다녀간 사람들은 실망한 사람들이 많다던데, 나는 실망할까, 실망하지 않을까. 이미 「츠타야」의 영감을 받은 한국의 서점들을 경험했기에 뻔하게 다가올까, 나답지 않게 부딪혀보지도 않고 생각이 많아졌다. '그래, 들어가 보면 알게 되겠지.'

처음 들어간 입구에는 책이 아닌 캠핑 용품들이 진열되어 있었다. '아. 책을 파는 것이 아니라 라이프 스타일을 판다는 게 이런 뜻인가?'싶은데 옆에 캠핑 관련 책이 있다. 혹시 하는 마음에 다른 곳으로 이동해 본다. 만년필들이 진열되어 있는데, 역시 만년필 관련 책이 있다. 순간 아버지가 생각이 났다. 항상 무언가를 시작하거나 시작하기에 앞서 관련 책을 사 오셨던 아버지. 등산을 시작하면 등산책을, 화초를 키우기 시작하면 화초 관련 책을, 만년필을 사면 만년필 관련 책을. 그런 아버지 덕분에 아버지의 서재에는 다양한 책이 있었는데, 조금 황당한 책은 보통 재미로 가끔 치는 볼링 전문 서적까지 있었던 것. 순간, 이거구나 싶었다. 라이프 스타일을 판다는 것이. 크게는 삶에 있어서, 작게는 생활에 있어서 책을 '함께' 제안하는 것.

나는 실망할지도 모른다고 생각한 「츠타야」가 생각보다 재미있었다. 자동차에 큰 관심이 없는 나도 자동차 관련 코너에 진열된 자동차의 피규어와 잡지, 관련 책들을 보면서 '자동차를 제대로 알고싶다.'라는 생각이 들 정도였으니 자동차를 좋아하는 사람들은 이곳에서 당신들의 취향이 얼마나 멋있게 대우받고 있는지, 확실히 존중받는다는 느낌을 받을 것이 분명했다. 디자인 관련 코너 이후 건축이라든지 패션이라든지 동선의 흐름도 좋았다. 스타벅스에는 온통 읽는 사람 천지였고 입구의 요리 관련 제품 파는 곳엔 역시 음식 관련 책이 함께 진열되어 있었다.

「츠타야」의 영감을 받았다는 몇몇 서점들이 떠올랐다. 글쎄. 너무 형식적인 문법만 가지고 간 것 아닌가 싶었다.

*

읽는 일을 좋아한다. 글자도, 사람도, 도시도, 시간도.

읽는다는 것은 내가 주도적으로 대상의 언어를 감각하고 해석하며 받아들이는 일. 내가 나아가지 않으면 진전없는 일. 그래서 내가 의지를 가져야 하는 일.

그런의미에서 읽는다는 것은 어떤 대상을 받아들이고 싶다는 가장 강력하고 적극적인 각오다.

第14部

빈수의 도쿄

(22. 11. 21)

"휴휴지담! 휴휴지담!"(휴대폰-휴대폰-지갑-담배) 이동할 때마다 호주머니를 툭툭 치며 소지품을 확인한다. 그런 내 모습을 보며 미림이 웃는다. 아마 어제만 생각하면 한 대 쥐어박고 싶을지도 모를 텐데, 또 잃어버리지 않겠다고 노력하는 내가 제법 귀여워 보였나 보다. 그나저나 미림은 분명히 여유롭게 일정을 계획했다고 했는데, 점점 피로가 누적되어서 그런지, 그 여유로움이 미림의 기준이어서 그런 건지, 나의 다리 감각은 사라지고 있었다.(오래 걷지 못하는 걸로 유명한 평발이다.) 최대한 내색하지 않는다고 했는데, 티가 났는지 미림이 내게 힘드냐고 묻는다. 내가 대답하려고 하자 미림이 내 어깨를 툭툭 치며 씩씩하게 말한다. "오빠 힘내자!" 어이가 없으면서 지금의 도쿄 여행이 즐거워 보이는 미림이가 귀엽고 그런 미림이를 보고 있으니 진짜 힘이 나기도 했다.

미림은 다음 코스를 말한다. **'도쿄타워'**

미림의 일정에 단 한 번도 반기를 든 적 없던 나는 잠깐 생각에 빠졌다. 어느 도시를 높이나 크기로만 상징하는 랜드마크를 좋아하지 않아서, 더군다나 도쿄타워의 모양은 그저 에펠탑을 흉내 낸 것 같아, 도쿄를 상징하는 시설로 보기에는 의미도 없는 것 같아서. 하지만 언제 의미와의 싸움에서 이겼던 적이 있던가.

나는 미림에게 도쿄타워에 가고 싶은 이유를 물었는데, 미림도 도쿄타워를 일정에 넣을지 말지 고민을 많이 했었다고 말하면서 정확히 가고 싶은 곳은 도쿄타워가 아니라 도쿄타워가 잘 보이는 「시바공원」이라고 말했다. 그리고 그 「시바공원」에서 나와 도쿄 한가운데의 공원에서 휴식을 가지고 싶다고.

누구 파트너인지 참 앙큼했다. 도쿄 한가운데 공원에서의 휴식. '도쿄의 랜드마크이니까 도쿄타워를 가야 해'라는 맹목적인 이유가 아니라, 랜드마크인 도쿄타워가 잘 보이는 공원에서의 산책과 휴식. 제법 도쿄의 낭만이 느껴지는 것이 마음에 들었다.

그 낭만을 품은 마음으로 우리는 시바공원역에 내렸고, 내리자마자 도쿄타워를 마주했다. 그런데 도쿄타워가 우리가 알던 도쿄타워가 아니었다.

알록달록 도쿄타워.

미림은 이게 무슨 일이냐며, 누가 도쿄타워에 저런 짓을 했느냐며 좌절하기 시작했다. 원래 도쿄타워를 좋아하지 않긴 했지만, 오늘의 알록달록 정신없는 도쿄타워는 내가 봐도 유난히 별로긴 했다. 미림은 에펠탑을 모방한 도쿄타워일지라도 최소한의 도쿄타워를 식별할 수 있는 빨간 철 프레임과 주황빛을 생각했는데 이건 전혀 도쿄타워 같지 않아서, 시바공원에서 휴식을 가져도 도쿄의 낭만이 느껴지지 않을 것 같다고 했다. 저런 조명이면 공원에 들어갈 필요도 없다면서. 생각보다 심하게 좌절하는 미림을 보면서 일단 이게 어떻게 된 영문인지 알아야 했다.「네일동」(일본여행 네이버카페)에 도쿄타워 불빛에 대해 검색을 해보니 30분마다 조명이 바뀐다는 정보가 있었다. 다행이었다. 전철을 타고 몇 분을 달려왔는데, 저 알록달록 도쿄타워만 눈으로 찍고 돌아갈 순 없지 않은가. 나는 주저앉아 있는 미림을 불렀다.

"어이어이! 다이죠부! 다이죠부!"

나는 숨을 크게 쉬고 미림에게 30분마다 조명이 바뀐다고, 아마 정각이 되면 곧 바뀔 거라고 설명을 했다. 그제야 미림은 진짜냐며 웃음을 되찾았다. 그리고 이내 「시바공원」에서 도쿄타워가 잘 보이는 곳을 안다고 가자고 했다. 그렇게 미림을 따라간 곳의 끝은 그냥 도로였다. 미림은 '여기가 아닌가…'라는 말을 읊조리며 구글맵을 보는데, 지금은 왠지 미림보다 지도를 더 잘 보는 내가 나설 때 같았다. 지도를 보니 미림이 체크해놓은 곳은 지금 우리가 서 있는 곳의 반대 방향 같았다. 나는 호기롭게 "나만 믿어! 따라와!"하는데 미림이 멈춰서 내게 묻는다.

"오빠 근데 왜 조명 색깔 안 바뀌어?"

금세 정각이 된 거다. 그런데 조명의 색은 바뀌지 않고 계속 알록달록이었다. '설마, 정각으로부터 30분이 아닌가'라는 생각이 들었는데 내가 생각해도 설득력이 없긴 했지만, 그럴 수도 있지 않을까 하며 미림에게 조금만 더 기다려보자고 달래며 공원의 끝에서 반대편 끝으로 걷고 또 걸었다. 그리고 그 반대편의 끝.

'여기가 아닌데…'라는 말을 읊조리는 미림. 그리고 '여기도 괜찮은 것 같은데…'라고 읊조리는 나. 또, 때마침 돌아온 30분. 그리고 변하지 않는 알록이 달록이.

우리는 몇 분 동안 말을 하지 못했다. 그러니까 누군가에게 서운해서 말을 안 하는 것이 아니라, 말을 할 수가 없었다. 나도 그렇지만, 미림도 이젠 다리가 아프기 시작했고 도쿄타워가 기막히게 잘 보이는 위치는 도대체 어디인지 모르겠고 무엇보다 도쿄타워는 계속 알록달록하기만 해서. 아무리 「네일동」을 검색해보고 도쿄타워 공식홈페이지 글을 번역해도 알 수가 없어서. 우리는 잠시 휴식을 가지기로 했고 나는 담배를 태우며 계속 검색을 했다. 알록달록한 도쿄타워의 정체와 도쿄타워가 기막히게 잘 보이는 위치를.

시간은 흐르고, 변하지 않는 도쿄타워를 보면서 어찌 됐든 우리는 다시 모험을 하기로 했다. 도쿄타워가 기막히게 보이는 곳만큼은 가보자고. 서로의 손을 꽉 잡고. 기어코 이겨내리라 하는 마음으로.

그렇게 다시 정각이 될 무렵 우리는 알록달록한 도쿄타워가 기막히게 잘 보이는 위치에 도착했다. 그리고 오늘의 도쿄타워가 왜 알록달록한 건지 이유도 알게 됐는데, 그 이유는 특별한 월요일에 특별한 도쿄타워를 보여주기 위함이라고 한다. 그러니까, 우리가 그 특별함에 당첨된 것이다. 생각해보면 매일 똑같은 도쿄타워를 보는 사람들에겐 오늘은 꽤 특별한 날인 거다. 물론, 우리에겐 그런 특별함은 필요가 없지만 말이다.

지칠대로 지친 우리는 조용히 앉아 도쿄타워를 봤다. 썩 그런대로 괜찮은 것 같다며 웃음을 터트렸다. 같이 길을 헤매고, 같이 땀 흘리고, 같이 분노하고, 함께 발견하고, 함께 도달하고, 함께 웃는 이 순간이.

*

행복은 찾는 것이 아니라 더듬는 것.

'찾는다는 건' 지금 내 주변에 없는 것을 취하기 위해 살피는 일이고 '더듬는다는 건' 잘 보이지 않는 것을 손으로 이리저리 만져 감각하는 일.

잘 더듬는 사람에겐 한없이 헤픈 행복.

第15部

아리가또 파트너

(22. 11. 22)

살면서 내가 집돌이라고 생각해본 적이 한 번도 없는데, 미림은 항상 내게 집돌이라고 한다. 나는 그게 그렇게 억울했는데, 여행 4일째인 오늘. 내가 집돌이일 수도 있겠다 싶었다. 여행이 재미없는 것은 아니다. 하루가 24시간인 것이 너무 야속하고 먹고 싶은 것, 하고 싶은 것, 보고 싶은 것이 너무 많아서 오늘이 기대되고 내일이 기다려진다. 그런데 조금은 집에 가고 싶기도 하다. 오타가 심각한 문장처럼 거북한 나 자신을 마주하는 순간이다.

촉박함을 싫어하는 나를 위해서 미림이 여유 있는 일정을 짜긴 했지만, 4일 연속 일찍 일어나야 하는 것이, 계속 어딘가를 가야 하고, 무언가를 해야 하는 과업이, 버겁기도 하고, 언어도 문자도 규칙도 내가 있던 곳과 다른 것이 처음엔 신기하고 재미있었는데, 이제 그런 것들이 피곤하게 느껴지기도 한다. 언젠가 인스타그램에서 이런 부류의 성향을 어떤 MBTI라고 했는데, 오늘은 내가 그런 성향이 두드러지는구나 싶다.

근데 중요한 건, 내겐 동행자가 있다는 것이다.

쿵 하면 짝해야 하는 동행자가 가라앉아있으니 미림도 함께 가라앉아 있을 수밖에. 근데 미림이 가라앉아 있는 것은 내게 서운해서거나 짜증이 나서가 아니다. 미림은 그저 묵묵히 함께 가라앉아있어 주는 거다. 그런 미림을 언젠가 메모장에 '내가 아는 사람 중에 제일 호수 같은 사람'이라고 적은 날이 있었다.

앞 사람이 가만히 있으면 정지되어 있고 앞 사람이 입김만 불어도 물결을 내는 그런 호수.

그런 미림을 알기에 저기 휴대폰만 만지작 거리고 있는 게 나 때문이라는 것도 알아서, 미안한 마음에 나는 미림에게 입김을 분다.

"미림 사진 찍어줄게, 저기 서 있어봐"

미림은 기다렸다는 듯 발랄한 물결을 낸다. 그 반짝임을 보면, 또 흥이 안 날라야 안 날 수가 없다.

여행 파트너로 중요한 것이 뭐가 있을까 생각한다. 취향, 정보력, 재력, 경험. 뭐 다 중요하겠지만, 그 모든 결핍을 상쇄할 수 있고, 평범한 부분을 극적으로 북돋을 수 있는 것을 생각한다.

'흥. 다른 말로는 리액션.'

그리고 시시한 성격인 내게 있어 그건, 여행만의 이야기는 아닐 거다.

第16部

도쿄 산책

(22. 11. 22)

'오늘은 많이 걸어보자'라는 말을 안 해도 자연스럽게 계속 걷게 되는 동네가 있다. 이곳이 그렇다. 기찻길을 차경하는 카페, 얕은 오르막과 내리막, 나지막하고 예쁜 집들, 그 앞의 화분. 이런 것들이 골목의 장면들을 시적으로 만들고 우리를 계속 걷게 만든다.

열린 문으로 라디오 소리가 삐져나오는 오래된 무인 빨래방에는 열 맞춘 낡은 일본 세탁기들과 기다림이 묻어있는 벤치가 있다. 그 주변으로 정겨운 포스터와 만화책들이 허술하게 놓여있는데 괜히 벤치에 앉아 만화책을 펼쳐 일본 영화를 한 편 찍어보기도 한다. 이런 놀이는 정말 걷는 자만 가질 수 있는 선물이다.

한국보다 따뜻한 기후 덕에 아직 남아있는 노란 은행나무는 미림의 콧노래를 끊이지 않게 했는데, 미림이 어느 골목에 들어서자 콧노래를 멈췄다.

「365 Days」라는 빵집이 있는 골목.

미림은 소문으로만 듣던 빵집이라며, 뭐랄까 면접

에 들어서기 전 응시자처럼 옷매무새를 고치기 시작했다.

빵집에는 청결한 위생복을 입은 직원분들이 빵을 굽거나 옮기고 있었다. 친절한 직원분이 우리에게 필요한 것이 무엇인지 물었고 미림은 이 빵집에서 제일 유명하고 잘 팔리는 빵 2개를 골랐다. 그런데 빵집에는 앉아서 빵을 먹을 수 있는 테이블이 없었다. 어쩔수 없이 우리는 빵을 들고 나와, 빵을 먹기 위해 길에서 포장을 뜯었다.

"오사카 여행 갔을 때, '슈'사서 길에서 먹었던 거 생각난다."

길에서 음식 먹는 것을 싫어하고, 거의 하지 않는 미림이 8년 전? 함께 갔던 오사카 여행에서의 일을 이야기했다. 얼마나 맛있고 얼마나 재미있었는지. 나도 미림 덕에 그때를 회상한다. 아직 컬러 영화처럼 떠오르는 그때를.

우리는 지금 도쿄의 길을 걸으며 오사카 때의 추

억을 꺼내, 지금의 빵과 함께 먹고 있다. 크레페처럼 겹쳐진 시간의 맛. 우리는 지금 특별한 시간을 걷고 있다.

아. 여행의 낭만이여, 산책의 기쁨이여.

　오사카 여행 당시, 길에서 '슈'를 먹는 것은 미림에게 나름 큰 용기이자 도전이었을 것이다. 평소 싫어하고, 하지 않는 자신의 규칙을 깬 것이니까. 특히 안정적이고 변화를 싫어하는 미림에겐 더욱. 그래서 그 지금까지 하지 않은 일의 시간은 특별하게 기억됐을지도 모른다. 아무리 사소하고 하찮은 일일지라도 새로운 경험은 강렬한 처음이 되어 우리 삶의 신대륙으로 남으니까.

　미림은 종종 그때의 이야기를 꺼낸다. 얼마나 맛있었고, 즐거웠는지에 대해.

　언젠가 썼던 시가 생각난다.

자기 혁명

파란 불에도 가지 않아 보는 것
빨간 불에도 달려가 보는 것
뒤틀릴 나의 오랜 기다림이여

『구원의 대답은 그럼에도』,이광호, 별빛들, 2021 중에서

나는 앞으로도 미림이 자신이 세운 규칙을 깨는 것에 두려움이 없는 사람이길 바란다. 그리고 가끔은 일부러 규칙을 깨는 사람이었으면 한다.

第17部

친절의 힘

(22. 11. 22)

텐동을 좋아하는 나를 위해 미림이 일정에 넣었던 100년 전통의 텐동집 「카네코한노스케」. 하지만, 대기 줄이 너무 길었고 여행객이 1시간이 넘는 시간을 길에 버린다는 것은 있을 수 없는 일이었기에, 포기.

다음으로 찾아간 유명한 덮밥집 「츠지한」. 역시 길게 늘어진 대기 줄. 이곳도 아니면 갈 곳이 마땅치 않아서 기다려볼까 했지만, 그러면 또 미림이 계획한 일정이 모두 어그러지기 때문에 포기.

점점 허기는 심해지고 당장의 허기를 채우기 위해선 무엇이라도 먹어야 했다. 뭘 먹는 것이 중요하긴 하다만 일단 허기는 면해야지라는 생각으로 어쩌어찌 백화점 지하 1층의 초밥집을 찾았다. 좁은 공간과 조악한 인테리어, 허름한 가구들이 내키진 않았지만.

어쩌겠는가, 그래도 이미 들어왔으니까 이럴 땐 '어쩌면 이런 곳에서 생각하지도 못한 초밥왕을 만날지도 몰라'라는 생각으로 행운을 기대해야 한다. 그 기대마저 없으면 어쩔 수 없이 들어 오게 된 이곳에서의 기다리는 시간이 너무 우울할 테니까. 그리고 드디어 나온 초밥.

　가끔 미림은 내가 갖는 희망적인 기대가 주는 좌절에 대해 이야길 하는데 지금 이곳의 초밥이 적절한 예가 될 수 있겠다고 싶었다. '초밥왕은 무슨, 가격이라도 쌌으면…'

　점심식사의 실패로 미림은 바짝 독기가 올랐고 저녁 식사는 실패할 수 없다면서 계획을 전면수정, 3안까지 준비해서 내게 메뉴를 묻는다. 이런 순간은 정말 참을 수 없이 지나가는 사람 한 명씩 붙잡고 '저는 이런 아내가 있습니다'라고 일일이 자랑을 하고 싶다. 이렇게 철저히 준비하는 미림에게 부응하듯 나 역시 저녁만큼은 성공하고 싶어 신중하게 장어덮밥집 「치쿠요테이」를 골랐고 우리는 결연하게 손을 맞잡고 치쿠요테이로 행진했다.

　긴자의 중심에서 점점 멀어져 어둑어둑한 길에 접어들자 구글맵이 도착을 알린다. 그런데 우리 앞에 있는 건, 예스러운 모습을 한 엄청 비싸 보이는 고급식당 앞 기모노를 입은 노파.

"설마... 여기야? 엄청 비싸 보이는데..?"

미림과 나는 「치쿠요테이」 외관과 입구를 지키고 있는 기모노 노파의 아우라에 위축됐고 주저했지만, 점심의 실패로 비싼 밥이든 뭐든 먹어보자는 결론으로 노파에게 말을 걸었다. 여기가 치쿠요테이가 맞냐고. 그러자 노파가 대답했다.

"혹시 예약했느냐고"

아차 싶었다. 역시 이런 고급 식당은 예약제로 운영하는구나. 우리는 반쯤 포기한 기운 없는 목소리로 예약하지 않았다고 말했는데, 노파가 모시겠다는 몸짓과 함께 우리를 안내한다.

세월의 멋이 묻어있는 고풍스러운 집이었다. 안내해준 자리에 앉아 메뉴판을 보니 가격이 전혀 비싸지 않았다. 미림과 나는 눈을 맞춰 '의왼데?'라는 느낌으로 눈을 동그랗게 떴다. 주문을 위해서 손을 들거나 '저기요'라는 말을 할 필요 없이 기모노를 입은 직원분이 우리 근처에 계속 있어줬다. 우아하게.

주문을 하자, 곧장 따뜻한 녹차와 따뜻한 물수건을 주었다. 몸이 녹았다. 몸이 녹자 그간 얼었던 입이 풀려서일까, 미림에게 여기 유명한 곳이냐고, 엄청 오래된 곳인 것 같다고, 엄청 멋진 곳인데 왜 이렇게 사람이 없느냐고 그동안 하지 못한 말들을 쏟아 부었다. 그렇게 몸이 녹은 만큼 들뜨다가 문득 이곳도 오래된 곳이니까 「차테이 하토우」만큼 멋진 흡연실이 있을 것 같았다. 우리 근처의 기모노를 입은 직원분에게 흡연실에 대해 물었다. 그러자 갑자기 직원 분이 모시겠다는 듯 안내했고 다른 기모노를 입은 직원분에게 나를 인계했다. 나는 당황했다. 사실, 그냥 위치만 알려주면 되는데 내가 이들을 너무 번거롭게 만드는 것 같아서 조금 미안한 마음이 들었다. 직원분은 멋스럽고 오래된 등불을 들고 앞장서서 길을 밝히며 나를 안내해줬는데 기모노와 나막신을 하고 있어서 걸을 때마다 나는 딱 딱 딱 소리가 꽤 극적으로 들렸다. 그리고 도착한 흡연구역. 돌길과 석등 그리고 재떨이. 이럴 줄 알았다. 운치 있을 줄 알았어! 나는 다시 자리로 돌아와 미림에게 흡연실까지 가는 길의 이야기를 해줬고 미림은 경험하지도 않았지만, 나의 이야기만으로 「치쿠요테이」에 감동 받아 했다.

   식사 내내 그리고 식사를 마치고 나서도 직원들의 친절은 감동적이었고 그런 직원들을 대할 땐 나도 모르게 절로 몸이 숙여졌고, 실수로라도 누군가에게 상처를 줘선 안 된다는 마음가짐으로 부드럽게 행동했다. 신기했다. 그들을 위해서 뭔가 할 수 있을 것 같다는 마음도 생겼다. 언제가 느껴본 적 있었던, 친절의 힘이었다.

*

　나는 지금껏 사랑받는 것을 싫어하는 사람을 본 일이 없다. 또, 당신을 사랑해 주는 사람을 싫어하는 일도. 우리는 사랑받는 걸 좋아하고, 나아가 사랑받길 원한다. 나를 사랑해 주는 사람은 내가 정말 멋진 존재라는 걸 일깨워 주는 사람인데 얼마나 고맙고 기쁠까.

　사랑 사랑 사랑. 이 사랑이 표현되는 시작이자 최소한의 사랑의 모양. 나는 그것이 친절이라 생각한다. 추울까 봐 따듯한 물수건을 준비하고, 길을 헤맬까 직접 길을 안내하고, 부담될까 웃어주고, 다칠까 봐 문을 잡아주고, 잘 가라고 인사해주는 친절.

　친절을 말하기 전엔 사랑을 말할 수 없고 사랑을 말하지 않고는 진실한 친절은 없다고 적는다.

第18部

지키려는 마음

(22. 11. 23)

발에 붙은 휴족시간을 떼고 시계를 본다. 7시 반. 아침 일찍 일어나야 하는 일은 언제나 괴롭지만, 여행에서는, 특히 마지막 날은 '아. 마지막 날이구나.'라는 생각으로 초인적인 미스테리의 힘을 얻는다.

어제 모든 짐을 정리해둔 덕에 30분 만에 준비를 하고 정들었던 숙소의 체크아웃을 하고 짐을 맡긴다. 순간, 아쉬우면서도 '놀만큼 놀았다. 이제 그만 집에 가자'하는 마음이 앞다투는데 여행 마지막 날 갖는 이 느낌이 항상 좋다. 무엇인가와 영영 이별하는듯한 애틋함과 나를 기다리고 있는 일상과의 반가운 재회가 뒤엉켜 설명하기 어려운 맛을 내는 와인 같아서.

그리고 도착한 첫 행선지 카페「제이쿡」.

아무런 정보도 기대도 없던 곳이어서 그런가.(사실 대부분의 곳이 그랬다. 미림이 알아보고 계획했기에.) 생각지도 못한 분위기가 너무 정겹다. 빛바랜 포스터들과 낡은 집기들이 이곳이 얼마나 오래됐는지를 알려준다. '감흥도 없더니 역시 좋아하는군'하는 눈치로 여기저기 구경하는 나를 보며 미림이 흐뭇해한다. 미림은 아마 이제 세상에서 나를 제일 잘 아는 사람일 것이다. 곳곳에 붙여진 뮤지션들의 포스터를 본다. J-cook의 J가 Japan이 아니라 Jazz인 것 같다. 노래도 있으면 좋을 법한데, 워낙 일찍이어서 그런 걸까, 남자 사장님과 여자 사장님의 영업 준비 소리만이 들린다. 그런데 그 소리가 빗소리와 섞여 내겐 정겨운 어머니와 아버지의 소리가 된다. 비가 오면 일을 나가지 않는 부모님은 늦잠 자는 나와 달리, 아침부터 분주하게 움직이셨는데, 그때의 달그락 달그락 소리가 꼭 지금 같아서.

오래된 두 사람과 오래된 카페를 보며 혼자 두 사람의 젊었을 때를 상상한다. 엄청 세련된 청춘남녀가 재즈카페에서 눈이 맞는 뭐 그런 유치한 상상을. 왠지 이 오래된 곳에는 또 근사한 흡연실이 있을 것 같아 물어봤는데, 없다고 한다.(일본은 흡연실이 잘 되어 있어서 멋진 공간만 보면 흡연실이 기대된다.) 아마 남편분이 애연가였는데 아내분을 위해서 끊지 않았을까(상상이다.) 나는 카페 여기저기를 구경하다 화장실에서 뭔가를 깨닫는다. 낡은 수전, 그런데 깨끗하게 잘 지켜진. 그제야 다시 카페의 오래된 것들을 본다.

그리고 이번 여행에서 느꼈던 도쿄에서의 인상을 정리한다.

촘촘하게 연결짓고 설명할 순 없기에 '인상'이라고 밖에 말할 수 없는 '지키려는 마음'

도쿄에는 수십 년에서 백 년도 넘는 가게들이 많다. 쉽게 '문화가 그래'라고 가업 문화를 이야기하지만, 그건 형식인 거고 왜 가업을 물려받는지에 대해서 생각해 보면 그건 지키려는 마음 때문이지 않을까 싶다. 당신들의 조부모 혹은 부모님이 하는 일이 얼마나 가치 있고 멋진 일인지 알아서 그 귀중한 걸 잃고 싶지 않아서. 가업도 그렇지만, 물건도.

오래된 물건들이 많은 것. 물론, 처음 만듦새가 좋았기 때문에 빈티지가 될 수 있는 것이지만, 쉽게 새로운 기술로 교체될 수 있었음에도 아직까지 낡은 모습을 유지하면서 기능하는 것은 '지키려는 마음'에서 비롯되지 않았을까. 잘 닦고, 잘 고치고 돌보면서. 그렇게 생각하니 갈라파고스라고 놀림받는 일본의 아날로그 문화도, 가부키초에서 이해하지 못한 호스트 문화도 조금은 이해할 수 있을 것 같았다. 그리고 그 윗대에서 물려받은 그 마음이 '수많은 나라들 사이에서 도쿄라는 도시를 계속 지켜내겠구나'싶었다.

*

　모든 것이 빠르게 돌아가고 변하는 지금의 시대에서 선명하게 마주한 도쿄에서의 '지키려는 마음'은 마치 잊지 말아 달라는 편지처럼 내게 다가왔다.

　혼자서 꼭꼭 씹어본다. '지키려는 마음' 내가 노인이 될 때까지 지키고 싶은 것들은 무엇이 있는지, 어떻게 하면 지킬 수 있는지.

　어쩌면 내가 지켜낸 것들이 하찮은 물건에 불과할지라도 그런 것들이 모여서 나를 설명할 수 있을지도 모르겠다는 생각을 한다. 그리고 그건 '나라는 사람이 세상에 존재했다'는 걸 거대한 인류 속에서 나라는 인간을 지켜내는 일일지도 모른다는 생각과 함께.

第19部

도쿄의 르 코르뷔지에

(22. 11. 23)

미림이 도쿄 여행을 계획하면서 내게 도쿄에서 가고 싶은 곳들을 말해 달라고 했을 때, 다이칸야마보다 먼저 말했던 곳이 있다.

도쿄의「국립 서양 미술관」.

단 한 번도 실물을 본 적 없는 마네와 모네, 세잔, 르누아르, 피카소의 작품을 볼 수 있는 곳. 무엇보다 르 코르뷔지에의 건축물.

말로만 듣고 사진으로만 보던 것을 경험할 수 있다는 것이 얼마나 신나던지, 미림은 내게 그렇게 좋으냐고 몇 번씩 물으면서 오빠가 좋으니 자기도 좋다면서 춤을 춘다. 그렇게 도착한「국립 서양 미술관」인데...

사람이 많다. 많아도 너무 많다.

「국립 서양 미술관」이 이렇게 인기가 많은 곳인가, 아무리 그래도 그렇지 오늘 평일 아닌가 싶은데, 평일이 아니었다. 오늘은 일본의 '근로감사의 날'이라는 공휴일이었던 거다. 더군다나 피카소 특별전을 하고 있는 시기라서. 시간을 알뜰하게 쓰려면, 르 코르뷔지에의 건출물을 살펴볼 여유도 없이 티켓 발권 대기 줄에 서야 했다. 나는 여유롭게 전경과 외관을 볼 생각이었는데 점점 굵어지는 비와 비에 젖은 사람들의 북적임에 무너지고 있었다. 비를 피하려는 사람과 빨리 입장 하려는 사람들, 일행을 부르는 시끄러운 사람들의 외침. 이리 치이고 저리 치이다 보니 속이 점점 시끄러워진다. 뭔가를 겨우겨우 인내하는 듯한 내 표정을 본 미림이 내 팔을 지그시 잡는다. '오빠는 가만히 있어도 돼, 내가 알아서 할게'라는 신호같이. 나는 내가 미림을 돌보며 사는 줄 알았는데, 이럴 때마다 미림이 나를 돌보며 사는구나.라는 것을 깨닫는다. 나는 수도승의 마음으로 생각도 몸도 모두 정지시킨다. 내가 정지되어있어도 미림이 모든 일을 진행시켜줄 테니까.

곧, 미림이 말한다. "오빠! 가자!"

저 참을 수 없는 든든한 말이 다시 한번 나를 반하게 만든다.

병아리처럼 미림을 따라 들어간 르 코르뷔지에. 사실 비와 사람들 때문에 제대로 보진 못했지만, 건물의 외벽도 범상치 않던 필로티도 모두 유적지 같은 영적인 기운을 가졌었는데, 지금 내부에 이르러서 압도하는 고요의 힘을 느낀다. 이 힘은 뭘까. 사실 지금 시대에 종종 보이는 건물의 형태와 크게 다르지 않는데 내가 르 코르뷔지에가 만들었다는 걸 알아서 갖는 환상인 걸까.

조용히 실내를 걷고, 만지고, 살핀다. 감탄스러운 특별함이 돋보이진 않지만, 르 코르뷔지에가 낸 창 아래 서서 미비한 빛을 느끼면 세례를 받고 있다는 생각이 든다.

군더더기 없고, 딱 필요한 기능 몇 가지만을 갖춘 공간. 그래서일까, 공간은 침묵에 가깝다. 르 코르뷔지에라는 환상에서 벗어나야 한다는 생각을 할수록 지금 시대의 건물들이 너무 이곳을 닮아서, 하지만 이곳은 지금 시대의 건물들처럼 화려하지 않은 원형의 모습 같아서, 더 르 코르뷔지에가 떠 오른다.

너무 굉장한 것 앞에서 비루한 나는 자주 참담한 마음을 갖긴 하지만, 그럼에도 꿈을 꾼다. 언젠간 나도. 나도 이런 멋진 책을 만들어야지.라는 꿈을.

*

 르 코르뷔지에의 「국립 서양 미술관」은 마치 빈티지 같다. 그래서 꼭 「국립 서양 미술관」같은 책을 만들고 싶다고 생각했는지도 모르겠다.

 빈티지가 될 수 있는 것을 만드는 일이 내 오랜 생각이자 꿈이라서.

 빈티지가 될 수 있으려면 몇 가지 조건이 있다. 첫 번째로 오랜 시간을 견디려면 최초에 품질이 좋아야 한다. 두 번째로 시간이 지나도 촌스럽지 않은 디자인이어야 한다. 세 번째로는 시간의 흐름으로 더욱 가치를 갖는 것이다.

 먼 훗날까지, 아니 시간이 지남으로 더욱 가치가 있는 책. 쓰고 만드는 사람으로서 그것보다 자랑스러운 일이 있을까.

第20部

어행의 힘

(22. 11. 23)

비행기 창문 너머로 멀어지는 도쿄가 보인다. 겨울철이라 걱정되는 집의 식물 때문에, 도쿄에서 받은 자극 때문에, 빨리 집에 가고 싶다는 생각이 가득하다. 그러면서 점점 작아지는 도쿄를 보고 있으니, 빨리 또 도쿄에 오고 싶다는 생각을 한다.

이번 도쿄 여행은 내게 어떤 여행이었을까. 모른다. 아니 '아직 모른다.' 여행의 시작이 어떤 목적이었고, 여행에서 어떤 일들이 있었고, 어떤 인상과 생각을 했는지, 잘 기억나지 않아서, 그저 도쿄라는 하나의 큰 덩어리만이 내게 남아있어서.

하지만 그 덩어리가 한국에서의 내 생활에 천천히 그리고 자연스럽게 풀려 스며들 것을 안다. 그러면 그땐 알지 모른다. 이번 도쿄여행이 내게 어떤 여행이었는지.

*

퇴사한 친구에게 한 달이라는 여유시간이 생겼다. 친구는 내게 어떻게 하면, 이 시간을 값지게 생산적으로 쓸 수 있을까 내게 물었다. 나는 곧장 말했다.

"여행을 가."

친구는 됐다고 했다. 여행의 필요성을 못 느낀다고, 돈이 아깝다고.

나는 친구가 말하는 게 대충 뭔지 알 것 같았다. 언제나 여행을 떠날 땐, 양손 가득 자극이나 영감 같은 뭔가를 얻어와야지 생각하지만, 예외 없이 빈손의 느낌을 가지니까. 그럼 가벼워진 주머니만큼 공허할 테고, 생산적인 일이 아닌 소비적인 일이 될 테니까.

하지만 친구에게 말해 주고 싶다. 여행은 우리가 지불한 만큼 바로바로 결과물을 내어주는 콘텐츠가 아니라는 걸. 여행은 그저 우리가 가진 주변 환경을 바꿀 수 있는 가장 저렴하고 쉬운 방법이라는 것을.

'여행'이라는 것을 너무 큰 가치로 과장하거나 낭만 있게 포장하는 것이 아니다. 오히려 낭만을 뺀, 경제적이고 이성적인 이야기다. 내가 사는 곳이나 일하는 곳, 내 주변 사람들, 내가 보고 듣는 주변 환경을 가장 쉽게 바꿀 수 있는 법. 맹자의 엄마처럼 이사를 하지 않아도 할 수 있는 것이 여행이니까.

굳이 여행지에서 영감이나 자극을 얻기 위해 굳이 사색에 빠지거나 생각하거나 할 필요도 없다. 낯선 주변 환경은, 우리의 낯선 생각, 낯선 행동을 유발할 것이다. 그것이 여행의 힘이다.

우리는 떠나기만 하면 된다. 분명히 낯설고 다른 주변 환경은 지금까지 내가 생산한 것들 말고, 지금까지와는 다른 것을 생산할 수 있는 '나'를 생산해줄 테니까.

Tokyo and Impression

도쿄와 인상